Autor _ Bakunin
Título _ Deus e o Estado

Copyright _ Hedra 2014
Tradução© _ Plínio Augusto Coêlho
Corpo editorial _ Adriano Scatolin,
Alexandre B. de Souza,
Bruno Costa, Caio Gagliardi,
Fábio Mantegari, Felipe C. Pedro,
Iuri Pereira, Jorge Sallum,
Oliver Tolle, Ricardo Musse,
Ricardo Valle

Dados _
Dados Internacionais de Catalogação na Publicação (C

H331 Bakunin, Mikhail (1814–1876)
Deus e o Estado. / Bakunin. Tradução de
Plínio Augusto Coêlho. Introdução de Alex
Buzeli Bonomo. – São Paulo: Hedra, 2011.
(Estudos Libertários). 132 p.

ISBN 978-85-7715-239-1

1. Movimento Político. 2. Sistema Político.
3. Anarquismo. 4. Filosofia. I. Título. II. Série.
III. O império cnuto-germânico e a revolução
social. IV. Bakunin, Mikhail Aleksandrovitch
(1814–1876). V. Coêlho, Plínio Augusto,
Tradutor. VI. Bonomo, Alex Buzeli.

CDU 329.285
CDD 320.57

Elaborado por Wanda Lucia Schmidt CRB-8-1922

Direitos reservados em língua
portuguesa somente para o Brasil

EDITORA HEDRA LTDA.

Endereço _
R. Fradique Coutinho, 1139 (subsolo)
05416-011 São Paulo SP Brasil
Telefone/Fax _ +55 11 3097 8304
E-mail _ editora@hedra.com.br
Site _ www.hedra.com.br
Foi feito o depósito legal.

Autor _ BAKUNIN
Título _ DEUS E O ESTADO
Tradução _ PLÍNIO AUGUSTO COÊLHO
Introdução _ ALEX BUZELI BONOMO
São Paulo _ 2014

Mikhail Alexandrovitch Bakunin (Tver, 1814–Berna, 1876) foi um revolucionário russo que contribuiu, determinantemente, em teoria e prática, para o desenvolvimento do anarquismo na Europa ocidental, tendo influência nos rumos do movimento de trabalhadores, em nível mundial. Bakunin nasceu em uma família de nobres russos, foi educado em casa e seguiu aos 14 anos para a carreira no exército, abandonando-a em 1835. Vai a Moscou, onde participa do círculo de Stankevitch, apaixonando-se pelo romantismo e pelo idealismo alemão, especialmente por Fichte e Hegel. Em 1840, vai a Berlim onde integra-se à esquerda hegeliana e publica artigos. Converte-se ao comunismo e toma contato com a causa dos eslavos, ingressando na luta contra o imperialismo. Influencia-se na relação com P.-J. Proudhon e tem contato com Marx. Participa, em 1848, dos levantes na França e da Insurreição de Praga, e, em 1849, prepara a Insurreição da Boêmia e destaca-se como comandante militar do levante de Dresden. Preso, permanece na prisão e no exílio com trabalhos forçados de 1849 a 1861, quando foge, chegando a Londres. Logo integra-se à vida política, escrevendo e atuando; vai, em 1865, para a Itália, onde desenvolve intenso trabalho de propaganda e organização, fundando a Fraternidade Internacional, uma organização política secreta. Participa dos Congressos da Liga da Paz e da Liberdade em 1867 e 1868, quando a maioria dos membros da Liga nega-se a aceitar o programa socialista, federalista e antiteísta que propunha. Esse fato fez com que Bakunin e outros militantes rompessem e fundassem a Aliança da Democracia Socialista. É somente em meados dos anos 1860 que Bakunin adere completamente ao anarquismo, fato que se consolida com sua entrada na Internacional. Produz, nesse momento, diversos escritos e envolve-se nas discussões de seu tempo. Exerce ampla influência na Internacional, especialmente nos países latinos. Ameaçando a hegemonia de Marx, é expulso em 1872, quando funda, com um amplo setor egresso da Internacional, a Internacional "Antiautoritária". Participa da Insurreição de Bolonha em 1874 e, ao final da vida, retira-se da política e falece na Suíça em 1876.

Deus e o Estado é um fragmento do livro *O império cnuto-germânico e a revolução social*, extraído e publicado, ainda no século XIX, primeiramente por Carlo Cafiero e Élisée Reclus, e, posteriormente, por Max Nettlau. Escrito em 1871, *Deus e o Estado* é um texto filosófico, fundamental para a compreensão do pensamento bakuniniano, que condensa a maior parte dos principais temas debatidos pelo autor em sua fase anarquista: o método dialético, o evolucionismo e o naturalismo, o papel da ciência, os conceitos de liberdade e de livre-arbítrio e o materialismo.

Plínio Augusto Coêlho é tradutor desde 1984, quando fundou a Novos Tempos Editora, em Brasília, dedicada à publicação de obras libertárias. A partir de 1989, transfere-se para São Paulo, onde cria a Editora Imaginário, mantendo a mesma linha de publicações e traduzindo dezenas de obras. É o maior tradutor e editor das obras de Bakunin em português, incluindo, dentre suas traduções, *Federalismo, socialismo e antiteologismo* (Cortez, 1988), *O princípio do Estado e outros ensaios* (Hedra, 2008), *Estatismo e anarquia* (Imaginário/Ícone, 2003) e *Revolução e liberdade* (Hedra, 2010). É idealizador e cofundador do IEL (Instituto de Estudos Libertários).

Alex Buzeli Bonomo é mestre em História Social pela Pontifícia Universidade Católica (PUC) de São Paulo. Sua dissertação desdobrou-se nos livros *O anarquismo em São Paulo*, *Os anarquistas e os sindicatos no Brasil* e *O anarquismo e a esquerda política no Brasil*, publicados independentemente em 2010.

Série Estudos Libertários reúne obras, em sua maioria inéditas em língua portuguesa, que foram escritas pelos expoentes da corrente libertária do socialismo. Importante base teórica para a interpretação das grandes lutas sociais travadas desde a segunda metade do século XIX, explicitam a evolução da ideia e da experimentação libertárias nos campos político, social e econômico, à luz dos princípios federalista e autogestionário.

SUMÁRIO

Introdução, por Alex Buzeli Bonomo 9
Prefácio dos editores de 1882 29

DEUS E O ESTADO   **35**
Deus e o Estado 37

INTRODUÇÃO

Mikhail Alexandrovitch Bakunin nasceu em Premukhino (província de Tver, Rússia), em maio de 1814, como terceiro dos onze filhos de Alexandre Bakunin e Varvara Muriaeva — um casal que fazia parte da nobreza russa.

Bakunin fez parte dos movimentos revolucionários europeus da década de 1840, sendo preso depois de sua participação na Insurreição de Dresden, atual Alemanha, no ano de 1849. Ficou preso por oito anos e depois foi deportado para a Sibéria, onde permaneceu por mais quatro. Encarcerado nas fortalezas de Königstein, Olmütz, Pedro e Paulo, Schlüsselburg, passou inigualáveis momentos de sofrimento — em Olmütz, por exemplo, permaneceu acorrentado às paredes por seis meses. Conseguindo que sua prisão fosse comutada para um degredo, permaneceu na Sibéria de 1857 a 1861, quando conseguiu fugir e retomar sua ação revolucionária.

Pode-se afirmar que, até o ano de 1864, a ação de Bakunin era estritamente revolucionária, porém ainda não socialista, tendo ele participado de movimentos para a libertação de diversos povos europeus, ainda sem se ater à questão específica da libertação dos trabalhadores da exploração do capital.

Deus e o Estado foi escrito após os acontecimentos revolucionários da França, especialmente a Comuna de Paris (março a maio de 1871), e ainda durante o período da Guerra Franco-Prussiana (1870–1871). O texto faz parte

INTRODUÇÃO

de um livro maior intitulado *O império cnuto-germânico e a revolução social*, e foi editado por Carlo Cafiero e Élisée Reclus, recebendo depois uma nova edição organizada por Max Nettlau. Dentre outras reflexões, o livro destaca a Comuna de Paris como a primeira manifestação do socialismo revolucionário. Trata-se, como diversos textos e cartas do autor, de um fragmento que é interrompido abruptamente.

No contexto de derrota da Comuna de Paris, e dos franceses na Guerra Franco-Prussiana, Bakunin preocupa-se duplamente: tanto com a opressão estatal, quanto com a opressão ideológica da Igreja Romana, que avançava principalmente entre o campesinato francês, cumprindo um papel reacionário. Essa escravidão mental poderia ser ainda pior que a submissão física ao poder do Estado. É nesse sentido que realiza as análises em relação a Deus e ao Estado.

AS DISPUTAS ENTRE MARX E BAKUNIN NO CONTEXTO DA AIT

Outro fator importante no contexto histórico referente à escrita do texto diz respeito à disputa entre Karl Marx e Bakunin na Associação Internacional dos Trabalhadores (AIT). Em 1869, Bakunin participa do quarto congresso da Internacional, realizado na Basileia, Suíça, e suas posições saem vitoriosas, talvez ajudadas por sua própria presença. Nesse congresso, o único do qual participou, foram duas as questões mais importantes.

Um dos pontos discutidos dizia respeito ao direito de herança. Bakunin defendia a abolição do direito de herança de modo imediato. Para Marx, a herança não era mais do que uma consequência da propriedade privada, e o caminho a seguir era atacar diretamente a propriedade privada. Sustentava que defender o fim do direito de herança era atacar as causas secundárias, já que ela tratava-se apenas de um fator dependente das instituições legais. Assim, entendia que atacar o direito de herança e não a propriedade privada era ter uma posição pequeno-burguesa; mesmo defendendo, como medida provisória, o aumento do imposto sobre a herança.

Bakunin também compreendia a necessidade primordial de se atacar a propriedade privada, e nisso ambos estavam de acordo. Dizia que Marx considerava a base econômica como determinante das instituições políticas — o que implicava uma crença de que, com a modificação dessa base, socializando a economia, o Estado necessariamente desapareceria. Bakunin concordava com a posição materialista e determinista de Marx, mas conferia uma determinação secundária ao Estado. Enquanto a instituição Estado existir, acreditava, ela recriará as bases sobre as quais se assenta, buscando restabelecer a desigualdade econômica. Por isso, defendia o fim do direito de herança, que perpetuaria politicamente a desigualdade artificial das classes e não permitiria o desenvolvimento natural da sociedade. Entendido dessa maneira, o ataque à herança seria um fator no combate ao Estado para permitir a socialização, de fato, da base econômica, e esse desenvolvimento da sociedade.

Marx dava tanta a importância a esse ponto que incumbiu Eccarius, já que ele próprio não foi à Basileia, de levar um informe expondo sua opinião. Na discussão, Bakunin utilizou os argumentos apontados, os quais convenceram a maioria dos delegados, que terminaram votando em sua proposta.

INTRODUÇÃO

Essa questão expôs o fundamental da divergência entre Marx e Bakunin: como os dois encaravam a questão do Estado no processo revolucionário.

Outro ponto do congresso dizia respeito ao aumento dos poderes do Conselho Geral. Com esse aumento de poderes, o Conselho Geral poderia, então, determinar quais grupos e tendências seriam permitidos de afiliar-se e suspender as seções que estivessem ameaçando a unidade. Era, na realidade, uma medida contra os moderados e reacionários que, segundo acreditava Bakunin, favoreceria os setores revolucionários — ele via na ampliação de poderes uma forma de manutenção da ideia inspiradora da própria Internacional.

Cabe aqui uma ponderação relevante. Após o Congresso da Basileia, quando os membros do Conselho Geral iniciam uma cerrada campanha contra Bakunin, ele estava envolvido com os planos para a Rússia, as relações com Nechaiev, as insurreições francesas (principalmente em Lyon), os problemas de ordem pessoal etc. Bakunin não se ocuparia exclusivamente do combate tenaz às concepções do Conselho Geral antes que sua expulsão da Internacional se tornasse próxima.

A hipervalorização das disputas entre Bakunin e Marx, no contexto da vida e do projeto político do próprio Bakunin, pode ter resultado do fato de que a maioria de seus escritos foi realizada justamente nesses anos de 1869 até a sua retirada da vida política, nos primeiros anos da década de 1870. Assim, as cartas enviadas para seções da Internacional, após a cisão de 1872, os textos criticando a posição dos comunistas alemães, e as de Marx em especial, ganham uma relevância muito maior do que a existente naquela época. No entanto, isso não significa que não houve importância alguma nesses acontecimentos, que, certamente, tiveram sua significação e relevância.

Portanto, mesmo em 1869, no Congresso da Basileia, as disputas de Bakunin se davam em torno das ideias e concepções diferentes. Naquele contexto, ele não imaginava e não desejava disputar a Internacional com Marx *imediatamente*, e só iria preocupar-se com isso mais a frente. Porém, suas críticas em relação às posições de Marx já eram claras desde o fim da década de 1860 — críticas que aparecerão não com referência direta, mas como concepção geral no texto a seguir, principalmente nas duras críticas realizadas ao governo dos homens de ciência.

É nesse contexto de crescimento da reação na Europa — após os movimentos revolucionários da década de 1860 e dos primeiros anos da década de 1870 —, cristalizada na opressão estatal e clerical, e na defesa teórica do Estado por parte dos socialistas revolucionários, que Bakunin escreve *Deus e o Estado*.

Esse texto condensa a maior parte dos principais temas debatidos por ele em sua fase especificamente anarquista. O método dialético, o evolucionismo e o naturalismo, o papel da ciência, os conceitos de liberdade e de livre-arbítrio e o materialismo — temas presentes nas concepções que afloram nas linhas a seguir.

NATURALISMO BAKUNINIANO E DESENVOLVIMENTO DIALÉTICO

Um dos fundamentos do pensamento de Bakunin é o que procura demonstrar a evolução natural do mundo, da humanidade e a inevitabilidade dessa evolução. Sua posição, materialista e evolucionista, formou-se graças ao influxo dos materialistas que se separaram do idealismo hegeliano.

INTRODUÇÃO

Bakunin entendia que o homem é governado pelas mesmas leis que governam a natureza. Afirmava que o homem faz sua própria história e que se torna mais livre na medida em que conhece as leis que governam seu próprio ser e o mundo.

Destacava três elementos que constituíam, para ele, as condições essenciais do progresso da humanidade: a) a animalidade humana, que corresponde a economia social e privada; b) o pensamento, que corresponde à ciência; c) a revolta, que corresponde à liberdade.

Essas fases, generalizadas ao mundo inteiro, não são fases específicas desse ou daquele povo, mas da humanidade, e para comprovar o que diz, analisa o desenvolvimento do pensamento religioso, início da negação progressiva da animalidade em busca da ciência. Diz que o que constitui o traço característico do ser humano, o que cria propriamente a humanidade, é a a reflexão, a possibilidade de abstração, a razão, que permanece a mesma em todas as partes da mesma forma que as leis naturais, de modo que nenhum desenvolvimento humano pode realizar-se contrariamente a essas leis.

A humanidade não é outra coisa senão o desenvolvimento supremo, a manifestação mais elevada da animalidade. E como todo desenvolvimento implica uma negação, a humanidade é também "a negação refletida e progressiva da animalidade nos homens", negação que é

racional por ser natural, simultaneamente histórica e lógica, fatal como são os desenvolvimentos e as realizações de todas as leis naturais no mundo, é ela que constitui e que cria o ideal, o mundo das convicções intelectuais e morais, as ideias.[1]

O homem começa a sua história, o seu desenvolvimento especificamente humano, pela negação progres-

[1] Cf. p. 39.

siva da animalidade, descrita por Bakunin como um ato de desobediência e ciência. Mas, vale ressaltar que esse ato de desobediência e ciência não parte da *vontade* humana de se libertar de sua animalidade, mas faz parte da evolução natural da humanidade, processo que se repete em todos os lugares de forma idêntica, e é a própria negação do ponto de partida, negação esta que permite o movimento e, portanto, o desenvolvimento. Nota-se aqui, nesse texto de sua fase anarquista, a permanência da concepção dialética elaborada na primeira metade da década de 1840. Buscando estabelecer as premissas de uma evolução natural da humanidade, Bakunin afirma:

A história nos aparece então como a negação revolucionária, ora lenta, apática, adormecida, ora apaixonada e possante, do passado. Ela consiste precisamente na negação progressiva da animalidade primitiva do homem pelo desenvolvimento de sua humanidade [...]. Ele partiu da escravidão animal, e atravessando a escravidão divina, termo transitório entre sua animalidade e sua humanidade, caminha hoje rumo à conquista e à realização da liberdade humana.[2]

Assim, começa a questionar os desvios artificiais à evolução, entre eles, a religião. Ele acreditava que toda a história do homem é seu afastamento progressivo da animalidade pela criação da humanidade; a partir daí, a antiguidade das ideias, longe de demonstrar o seu acerto, a torna, pelo contrário, suspeita. Por esse motivo, a ideia divina, presente no desenvolvimento de todos os povos, constitui um fato necessário e inelutável do desenvolvimento das sociedades; porém, nem por isso ela deve permanecer sempre necessária. Complementa, afirmando que a "luz humana", a única que pode nos emancipar, tornar-nos livres, realizar a fraternidade entre nós, nunca

[2] Cf. p. 50.

INTRODUÇÃO

está no princípio, "mas, relativamente, na época em que se vive, e sempre no fim da história".

Bakunin afirma que toda a ordem natural aparece na sociedade humana que, apesar de aparentar desenvolver-se de forma artificial, segue, na verdade, a marcha natural e inevitável das coisas. Portanto, o desenvolvimento histórico da sociedade, que segue seu curso natural, é determinado por certas leis naturais. Ele chama de natureza a soma de todas as coisas realmente existentes, mas, a soma das coisas existentes poderia dar a noção de algo estático, sem vida, e a natureza, pelo contrário, é toda movimento e vida; portanto, a definição mais precisa seria que a natureza é a soma das transformações reais das coisas que se produzem e se produzirão incessantemente em seu seio.

Adverte que todos podem dar à natureza, entendida no sentido preciso, o nome que lhes agradar: "Deus ou Absoluto, se os diverte", mas que não se tente transformar o sentido da natureza. Assim, a crítica que Bakunin estabelece contra a ideia de Deus vai justamente no sentido de questionar uma ordem de coisas que não surge do desenvolvimento natural da realidade, com sua complexidade inerente e sua solidariedade universal, que não pode ser abarcado nem pelo espírito científico mais desenvolvido.

Proclamar como divino tudo o que se encontra de grande, de justo, de real, de belo, na humanidade, é reconhecer implicitamente que a humanidade, por si própria, teria sido incapaz de produzi-lo; isto significa dizer que, abandonada a si própria, sua própria natureza é miserável, iníqua, vil e feia. Eis-nos de volta à essência de toda religião, isto é, à difamação da humanidade pela maior glória da divindade.[3]

Ele acredita que aquilo que definiu como natureza universal, o homem chama de Deus. Desde esse momento,

[3]Cf. p. 68.

as leis da natureza não refletem para o homem o desenvolvimento natural com suas leis inerentes, mas as manifestações da vontade divina, imposta artificialmente à humanidade.

Assim, o sentido de lei natural exclui a possibilidade de um criador, de um ordenador, de um legislador, pois, do contrário, haveria a exclusão da inerência das leis nas coisas, e desde esse momento, transformar-se-ia ela numa lei arbitrária, em desacordo com o desenvolvimento natural, imposta por um legislador qualquer, seja ele eleito ou não. São leis contrárias aos homens, são na verdade decretos impostos que os homens chamam hipocritamente de leis.

De um momento natural e histórico do desenvolvimento, da evolução da humanidade, a religião transforma-se em um entrave artificial desse desenvolvimento, que será naturalmente superado pelo desenvolvimento inelutável da ciência.

Mas a ciência ainda não é a finalidade do desenvolvimento natural da sociedade. A finalidade histórica é a liberdade e a ciência que, em certas condições, pode transformar-se em mais um óbice para o advento da liberdade.

O PAPEL DA CIÊNCIA

Bakunin acredita não haver possibilidade de se abarcar todos os aspectos das leis naturais, dessa causalidade universal à qual se refere. Para ele, as leis naturais deixam sempre um amplo campo para aquilo que se chama impropriamente de anomalias, de exceções ou, mais precisamente, de acaso. Pois, na verdade, essas anomalias só ocorrem devido ao fato de que as regras gerais, que se chamam de leis naturais, nada mais são do que abstrações, extraídas por nosso pensamento, do desenvolvimento real das coisas, que não dão conta de toda a riqueza e a complexidade da própria evolução natural.

Ele defendia a utilização daquilo que chamou de ciência racional. Ciência liberta dos dogmas da metafísica e da religião, mas que não se restringe, por outro lado, à análise desse ou daquele objeto, procurando ter uma compreensão da *totalidade* da realidade. A ciência racional, ao contrário da metafísica, não deduz suas hipóteses de um sistema absoluto, procurando impor tais hipóteses como se fossem verdades, forçando a natureza a aceitá-las. As hipóteses da ciência racional, expressão geral da quantidade de fatos produzidos pela ciência, não apresenta suas hipóteses como imperativo obrigatório; são apresentadas de forma que sempre possam ser retiradas desde que sejam desmentidas.

A metafísica repete o método dos Estados centralizados, agindo de cima para baixo, impondo suas hipóteses como verdades absolutas, que são, na realidade, deduções que partem do seu sistema absoluto. A filosofia racional, por outro lado, é uma ciência democrática e só aceita o que tem por fundamento a experiência. Nesse texto, Bakunin dá ênfase à importância da experiência como pressuposto da ciência racional, ou, no caso do objeto analisado não passar pelo crivo da experiência, deve ao menos ser submetido à mais severa crítica. Acaba, com frequência, proclamando um método científico similar ao positivista — deve-se recordar que foi leitor de Comte —, ainda que, em textos posteriores, critique o sistema comtiano.

Em sua defesa da ciência, Bakunin precisa o que entende por ciência absoluta. Diz que entende a ciência absoluta como a ciência universal, que reproduziria idealmente "em toda a sua extensão e em todos os seus detalhes infinitos, o universo, o sistema ou a coordenação de todas as leis naturais". Depois dessa definição, conclui que a ciência absoluta nunca se realizará, pois a vida, a realidade, será sempre mais complexa do que a capacidade humana de apreendê-la.

A ciência só começa com a compreensão das coisas, dos fenômenos, dos fatos. Compreender um fenômeno ou um fato é descobrir e constatar as fases sucessivas de seu desenvolvimento real; é reconhecer sua lei natural.

A própria necessidade de compreender as leis, de saber, é uma necessidade inerente à natureza humana. Com ela, o homem torna-se humano, ultrapassando, como se viu, sua animalidade primitiva.

A ciência, a necessidade de saber do homem, aquilo que constitui seu traço especificamente humano, é algo que deverá permanecer sempre incompleto, pois os seres humanos nunca conseguirão apreender a realidade na sua real complexidade. Isso não quer dizer que Bakunin não procure explicações totalizadoras; ele, na verdade, enxerga a real função e dimensão da ciência diante da realidade e da vida.

Esse ponto é essencial para que se compreenda o projeto político bakuniniano e sua postura frente às outras correntes políticas, que imaginavam construir governos compostos por homens de ciência; uma das suas críticas a Marx.

Retornando ao raciocínio do autor, o homem distingue-se do animal pela sua capacidade de pensamento. Mas a ciência, que teria por função reproduzir, "em toda a sua extensão e em todos os seus detalhes infinitos, o universo, o sistema ou a coordenação de todas as leis naturais", através da comprovação da experiência ou de uma severa crítica, não esgota o estudo e nem a

INTRODUÇÃO

compreensão das leis naturais que regem o mundo especificamente humano, a vida da sociedade humana sobre a Terra, que é também parte da evolução natural da vida universal dos mundos. Para ele, nesse sentido, a ciência

> só pode compreender e denominar os fatos reais em seu sentido geral, em suas relações, em suas leis; numa palavra, o que é permanente em suas informações contínuas, mas jamais seu lado material, individual, por assim dizer, palpitante de realidade e de vida, e por isso mesmo fugitivo e inapreensível. A ciência compreende o pensamento da realidade, não a realidade em si mesma; o pensamento da vida, não a vida. Eis seu limite, o único limite verdadeiramente intransponível para ela, porque ela está fundada sobre a própria natureza do pensamento, que é o único órgão da ciência.[4]

A ciência reproduz a totalidade real pensada, não a própria totalidade real, as leis apreendidas pela mediação do pensamento, não a realidade. A missão da ciência é constatar as relações das coisas passageiras e reais reconhecendo as leis gerais que lhes são inerentes. Ela assenta as "balizas imutáveis da marcha progressiva da humanidade", indicando as condições gerais cuja não observação será "sempre fatal". "Numa palavra, a ciência é a bússola da vida; mas não é a vida."

Pois a ciência trabalha com a abstração e não com a própria realidade; nesse sentido, Bakunin afirma: "não são individualidades abstratas, são os indivíduos agindo e vivendo que fazem a história. As abstrações só caminham conduzidas por homens reais."

Em relação à ciência histórica, afirma que, por mais que ela se esforce, nunca conseguirá apreender o indivíduo real, os bilhões de indivíduos e grupos reais, pois esses são muito mais complexos do que qualquer capacidade de apreensão científica, ou qualquer apreensão

[4] Cf. p. 91.

movida pelo pensamento. Nesse sentido, é necessário contentar-se com os limites das possibilidades das pesquisas desenvolvidas e procurar apreender o movimento da realidade através do pensamento, que em nenhum momento será a própria realidade.

Bakunin procura discutir o papel da ciência na perspectiva de apontar soluções definitivas para a sociedade futura e afirma que a ciência, por mais desenvolvida que esteja, não pode prever as formas que a vida social assumirá numa sociedade futura. De acordo com isso, ela pode apenas definir os fatores *negativos* que decorrem, de modo lógico, de uma rigorosa crítica da sociedade atual.

Esse é o sentido de sua crítica ao governo dos cientistas. Mas o fato de valorizar a vida real em contraposição à capacidade de apreensão da realidade pela abstração racional não quer dizer que o homem realize livremente, por meio de sua vontade, a história. Viu-se o papel das leis naturais no pensamento bakuniniano; resta analisar seu pensamento sobre o livre-arbítrio, a liberdade e o determinismo.

O LIVRE-ARBÍTRIO E A LIBERDADE

Colocou-se anteriormente a concepção do autor sobre o processo de humanização através da reflexão, do conhecimento. Para ele, a vontade, em primeiro lugar, está ligada àquela capacidade de abstração, de reflexão, própria dos seres humanos. Grosso modo, essa capacidade possibilita ao ser humano tomar partido por determinadas coisas segundo suas concepções morais, ou de alguma influência que certas circunstâncias podem nele ter desenvolvido. O poder de tomar partido por um ou vários fatores que operam no homem em determinado sentido, contra outros fatores, é a vontade.

INTRODUÇÃO

O homem pode tomar partido por um ou outro fator que nele opera, determinando-o, mas a própria tomada de partido é determinada, por exemplo, por sua noção de bem e de mal. Bakunin entende essa noção como algo que deriva da própria convivência social do homem e da determinação social sobre o indivíduo, ou por alguma força imposta por certas circunstâncias, que o leva a tomar partido por um ou por outro fator. Assim, segundo ele, deve-se rechaçar tanto a possibilidade do que os metafísicos chamam de ideias espontâneas, quanto os supostos atos espontâneos da vontade, aquilo que se define como livre-arbítrio.

A determinação do homem possui um duplo aspecto: um físico, natural, orgânico, fisiologicamente hereditário, e outro social, da tradição social, da organização pública, econômica e social dos países. Nesse sentido, não há lugar para o livre-arbítrio.

O homem é, desde o seu desenvolvimento e durante toda a sua vida, o resultante de uma quantidade inumerável de ações, de circunstâncias e de condições materiais e sociais. Para Bakunin, o homem não tem o poder de romper com essa solidariedade universal, que o abarca em todos os seus sentidos, que o forma e o educa, que o alimenta, que penetra até a medula de seus ossos e até a profundidade do seu ser intelectual e moral.

A compreensão desses elementos facilita o entendimento de um dos conceitos centrais do pensamento bakuniniano: o conceito de liberdade. Um conceito com dupla implicação; que definiu a concepção política de Bakunin no embate estabelecido contra Marx no seio da AIT marcando a historia do desenvolvimento do próprio anarquismo; que perde a sua significação se for descolado do conjunto do pensamento de Bakunin, transformando-se em princípio ideológico, de orientação a certas práticas políticas.

O primeiro elemento do seu conceito de liberdade é que ele entende que a liberdade deve ser compreendida como finalidade do progresso histórico da humanidade. A humanidade, como se viu, caminha progressivamente de seu estágio mais primitivo marcado pela animalidade, passa pela escravidão, pelo estágio da exploração econômica, pelo capitalismo, no qual vivemos, e, finalmente, alcançará a época da liberdade e da igualdade, da solidariedade mútua. Essa concepção teleológica de liberdade deve ser compreendida para que se evite as concepções preconcebidas e a simplicidade da oposição liberdade *versus* autoridade, ou libertários *versus* autoritários.

Para Bakunin, os contratualistas, como Rousseau, erraram em ter procurado a liberdade no começo da história; a liberdade é a negação progressiva da animalidade do homem e esse só pode libertar-se, como diz, em certo sentido, pelo uso da razão, conhecendo as leis naturais e agindo conforme esse conhecimento; para além disso, a liberdade torna-se impossível.

Apenas ao agir de acordo com as leis naturais, o homem pode ser livre, e uma rebelião contra essas leis causaria o próprio fim da humanidade, seria seu próprio suicídio, pois essas leis "são a própria base de qualquer existência e constituem nosso ser". Evidencia-se aqui claras limitações à liberdade humana, sendo ela compreendida como a apreensão progressiva das leis que regem o mundo e a adequação da ação ao sentido destas leis. Nesse caso, o voluntarismo cede passagem à resignação perante o fato de que a humanidade deve submeter-se às leis que regem a natureza.

INTRODUÇÃO

Dessa forma, chega-se a um dos pontos principais sobre a questão da liberdade e da determinação em Bakunin. O homem, devido a sua inteligência, pode apreender o sentido das leis naturais e agir como criador, não contrariando a evolução da natureza, mas infundindo a sua marca na própria natureza, levando a ela um pouco de sua "humanidade". Essa ação humana — guiada por sua inteligência, por sua capacidade de abstração, de reflexão, traços que fornecem o caráter especificamente humano do animal homem — é empurrada por uma força denominada causalidade universal, "fatal, irresistível" em todos os animais, mas só no homem não é instintiva ou de uma inteligência inferior, chegando à plena concepção de si mesma, pois o homem "é o único entre todos os animais dessa Terra a possuir uma determinação refletida de si mesmo"; o sentido de *vontade livre* para Bakunin. Essa vontade livre, conclui, "não tem aqui outro sentido senão aquele que lhe dá a reflexão, enquanto oposta à execução mecânica ou mesmo ao instinto".

A liberdade pode até ser entendida como o pleno desenvolvimento das potencialidades materiais, morais e intelectuais de cada um, desde que reconheça as leis da própria natureza.

Esse antiartificialismo, presente nos fundamentos dos textos e da política do autor, é o que o levará a negar a limitação da liberdade de um homem pelos outros. Quando ele afirma que o homem só é livre quando os outros homens forem igualmente livres — "o homem só é realmente livre na medida em que sua liberdade, livremente reconhecida e representada como por um espelho pela consciência livre de todos os outros"; "a escravidão de um só homem sobre a Terra é uma ofensa contra o próprio princípio de humanidade e a liberdade só se realiza com a igualdade de todos" —, não quer dizer outra coisa que a existência de homens escravos significa ainda existirem artificialismos que impedem a evolução natural do mundo, e que a liberdade, alcançada como resultado do progresso histórico, só pode existir realmente quando a humanidade não tiver mais travas em sua evolução e quando os homens conhecerem as leis que regem a natureza. Nesse sentido, a liberdade de um indivíduo, longe de ser limitada por outro, completa-se, confirma-se e estende-se até o infinito.

Mas, para ter uma noção mais exata sobre o que se afirma, cabe o estudo de outra dimensão da liberdade em Bakunin, que diz respeito à relação do indivíduo com a sociedade, ao caráter social da liberdade. A liberdade é entendida no sentido da vontade dotada de racionalidade, a vontade que compreende as leis da natureza. Mas essa racionalidade, a capacidade de pensar especificamente humana, só se desenvolve entre seres humanos. O homem, determinado socialmente, desenvolve, convivendo com a sociedade, seus traços especificamente humanos e pode desenvolver sua liberdade, desde que se conforme com as leis da natureza.

Entre essas leis está a da sociabilidade humana, a solidariedade natural dos homens, que faz com que a existência da escravidão seja considerada um traço artificial da sociedade, um traço que impede o próprio desenvolvimento humano e, portanto, sua liberdade.

Assim, se não fosse o convívio social do homem, ele não desenvolveria a consciência de si mesmo, conseguida graças à inteligência e ao trabalho coletivo, que possibilitou ao homem seu afastamento progressivo da animalidade.

INTRODUÇÃO

Bakunin afirma que "todo indivíduo humano, no momento em que nasce, é inteiramente o produto do desenvolvimento histórico" da sociedade, desenvolvimento de caráter fisiológico e social, transmitido hereditariamente ou por causas sociais, pela organização social, econômica e política de um país, pelas tradições, etc. Além disso, a influência natural que os homens exercem uns sobre os outros é uma das condições da vida, em relação à qual não se pode esquivar e contra a qual não se pode rebelar. Essa influência é a base da solidariedade humana. O indivíduo pode até tentar rebelar-se contra a influência da sociedade de determinada localidade, mas, para isso, é necessário que se encontre em outro meio solidário, em outra sociedade, em outra localidade.

MATERIALISMO BAKUNINIANO

Bakunin defende a primazia dos fatos naturais sobre as ideias. Diz que falar de ideias anteriores e de leis preconcebidas e preordenadas é absurdo; as ideias, inclusive a de Deus — aqui dialoga com os teístas que acreditavam num sistema independente da vida, formado por um Deus anterior —, não existem se não houver um pequeno elemento para produzi-las, o cérebro. As ideias surgem após os fatos naturais, e após as leis que governam esses fatos. São justas se estão conforme as leis naturais, são falsas se as negam.

Ainda sobre o que ele entendia por matéria, no embate contra os idealistas, afirma que a matéria de que falam os materialistas, não tem nada em comum com a vil matéria dos idealistas. A matéria dos materialistas é espontânea, eternamente móvel, ativa, produtiva. Não é a matéria despojada de vida dos idealistas, que colocam toda a vida num ser criado por sua imaginação: Deus.

Os idealistas não caminham da vida para a ideia, mas da ideia para a vida. Ao proceder dessa forma, acredita, os idealistas nunca chegarão à vida, "pois da metafísica à vida não existe caminho". Não é possível fazer o salto qualitativo do mundo lógico ao natural: "quem se apoia na abstração, nela encontrará a morte".

Outro aspecto do materialismo de Bakunin que deve ser ressaltado é o que valoriza a determinação econômica na sociedade. Depois de afirmar que os fatos têm primazia sobre as ideias, cita Proudhon — o qual disse que o ideal nada mais é que uma flor, cujas condições materiais de existência são a raiz — e conclui afirmando que a história moral, intelectual, política e social da humanidade possuem um reflexo direto da sua base, da sua história econômica.

Nesse sentido, a economia social constitui a base real de todos os desenvolvimentos posteriores da humanidade. Ressaltando essa ideia, Bakunin entende que a economia é a base de todos os problemas históricos, nacionais, religiosos e políticos. Não só para os trabalhadores, mas para todas as classes, inclusive para aquelas que dominam ou aspiram à dominação, pois a economia é a base para tudo o que é humano, incluindo-se a autoridade, o poder, a inteligência, o conhecimento e a própria liberdade.

Já o idealismo, entre eles o religioso, santifica a violência e a transforma em direito. Leva ao Céu o reino da igualdade e da justiça e deixa sobre a Terra a iniquidade e a brutalidade, pregando a resignação dos que sofrem nas mãos daqueles que exploram.

***

INTRODUÇÃO

Esses são os principais pontos do texto que englobam os elementos mais relevantes do pensamento bakuniniano. Nesse sentido, *Deus e o Estado* é leitura obrigatória para quem deseja conhecer o pensamento desse relevante revolucionário do século XIX.

PREFÁCIO

A VIDA DE Mikhail Bakunin já é suficientemente conhecida em seus traços gerais. Amigos e inimigos sabem que este homem foi grande no intelecto, na vontade, na energia perseverante; sabem que grau de desprezo ele ressentia pela fortuna, pela posição social, pela glória, todas estas misérias que a maioria dos humanos tem a baixeza de ambicionar. Fidalgo russo, aparentado da mais alta nobreza do império, entrou, um dos primeiros, nesta orgulhosa associação de revoltados que souberam se libertar das tradições, dos preconceitos, dos interesses de raça e de classe, e desprezar seu bem-estar. Com eles enfrentou a dura batalha da vida, agravada pela prisão, pelo exílio, por todos os perigos e todas as amarguras que os homens devotados sofrem em sua existência atormentada.

Uma simples pedra e um nome marcam no cemitério de Berna o lugar onde foi depositado o corpo de Bakunin. Talvez seja muito para honrar a memória de um lutador que tinha as vaidades deste gênero em tão medíocre estima! Seus amigos não farão construir para ele, certamente, nem faustuosos túmulos nem estátua. Sabem com que amplo riso ele os teria acolhido se lhe tivessem falado de um jazigo edificado em sua glória. Sabem também que a verdadeira maneira de honrar seus mortos é continuar sua obra — com o ardor e a perseverança que eles próprios dedicam a ela. Certamente que esta é uma tarefa difícil, que demanda todos os nossos esforços, pois, entre os revolucionários da geração que passa, não há sequer

PREFÁCIO DOS EDITORES DE 1882

um que tenha trabalhado com mais fervor pela causa comum da revolução.

Na Rússia, entre os estudantes, na Alemanha, entre os insurretos de Dresden, na Sibéria, entre seus irmãos de exílio, na América, na Inglaterra, na França, na Suíça, na Itália, entre todos os homens de boa vontade, sua influência direta foi considerável. A originalidade de suas ideias, sua eloquência figurada e veemente, seu zelo infatigável na propaganda, ajudados, por sinal, pela majestade natural de sua aparência e por uma vitalidade possante, abriram a Bakunin o acesso a todos os grupos revolucionários socialistas, e sua ação deixou em todos os lugares marcas profundas, mesmo entre aqueles que, após o acolherem, o rejeitaram por causa da diferença de objetivo ou de método. Sua correspondência era das mais extensas; passava noites inteiras redigindo longas epístolas a seus amigos do mundo revolucionário, e algumas destas cartas, destinadas a fortalecer os tímidos, a despertar os adormecidos, a traçar planos de propaganda ou de revolta, tomaram as proporções de verdadeiros volumes. São estas cartas que explicam sobretudo a prodigiosa ação de Bakunin no movimento revolucionário do século.

As brochuras por ele publicadas, em russo, em francês, em italiano, por mais importantes que sejam, e por mais úteis que tenham sido para disseminar as novas ideias, são a parte mais fraca da obra de Bakunin.

O texto que publicamos hoje, *Deus e o Estado,* não é outra coisa, na realidade, senão um fragmento de carta ou de relatório. Composto da mesma maneira que a maioria dos outros escritos de Bakunin, possui o mesmo defeito literário, a falta de proporções; além disso, é bruscamente interrompido: todas as buscas por nós realizadas para encontrar o final do manuscrito foram em vão. Bakunin nunca tinha o tempo necessário para concluir todos os trabalhos empreendidos. Obras eram começadas sem que outras tivessem sido terminadas. "Minha própria vida é um fragmento", dizia àqueles que criticavam seus escritos. Entretanto, os leitores de *Deus e o Estado* certamente não lamentarão que o texto de Bakunin, ainda que incompleto, tenha sido publicado. Nele, as questões aparecem tratadas com um singular vigor de argumentação e de uma maneira decisiva. Ao se dirigir, com justa razão, aos adversários de boa-fé, Bakunin lhes demonstra a inanidade de sua crença nesta autoridade divina sobre a qual foram fundamentadas todas as autoridades temporais; ele lhes prova a gênese puramente humana de todos os governos; enfim, sem se deter naquelas origens do Estado que já estão condenadas pela moral pública, tais como a superioridade física, a violência, a nobreza, a fortuna, ele faz justiça à teoria que daria à ciência o governo das sociedades. Mesmo supondo que fosse possível reconhecer, no conflito das ambições rivais e das intrigas, os pretensos e os verdadeiros homens de ciência, e que se encontrasse um modo de eleição que fizesse esgotar infalivelmente o poderio daqueles cujo saber é autêntico, que garantia de sabedoria e de probidade em seu governo poderiam eles nos oferecer? De antemão, não poderíamos, ao contrário, prever entre estes novos senhores as mesmas loucuras e os mesmos crimes que entre os senhores de outrora e os do tempo presente? Inicialmente, a ciência não é: ela se faz. O homem de ciência do dia nada mais é que o ignorante do dia seguinte. Basta que ele pense ter chegado ao fim para, por isso mesmo, cair abaixo da criança que acaba de nascer. Mas, tendo reconhecido a verdade em sua essência, não pode deixar de se corromper pelo privilégio e corromper outros pelo comando. Para assentar seu go-

PREFÁCIO DOS EDITORES DE 1882

verno, ele deverá, como todos os chefes de Estado, tentar parar a vida das massas que se agitam abaixo dele, mantê-las na ignorância para assegurar a calma, enfraquecê-las pouco a pouco para dominá-las de uma altura maior.

De resto, desde que os "doutrinários" apareceram, o "gênio" verdadeiro ou pretenso tenta tomar o cetro do mundo, e sabemos o que isto nos custou. Nós vimos esses homens de ciência em ação, tanto mais insensíveis quanto mais estudaram, tanto menos amplos em suas ideias quanto mais tempo passaram a examinar algum fato isolado sob todas as suas faces, sem nenhuma experiência de vida, porque durante muito tempo não tiveram outro horizonte senão as paredes de seu queijo, pueris em suas paixões e vaidades, por não terem sabido tomar parte nas lutas sérias, e nunca aprenderam a justa proporção das coisas. Não vimos, recentemente, fundar-se uma escola de "pensadores", por sinal vulgares bajuladores e pessoas de vida sórdida, que fizeram toda uma cosmogonia para seu uso particular? Segundo eles, os mundos não foram criados, as sociedades não se desenvolveram, as revoluções não transformaram os povos, os impérios não desmoronaram, a miséria, a doença e a morte não foram as rainhas da humanidade senão para fazer surgir uma elite de acadêmicos, flor desabrochada, da qual todos os outros homens nada mais são senão seu estrume. É a fim de que esses redatores do *Temps* e do *Débats* tenham o lazer de "pensar" que as nações vivem e morrem na ignorância; os outros humanos são consagrados à morte a fim de que estes senhores tornem-se imortais!

Mas podemos nos tranquilizar: esses acadêmicos não terão a audácia de Alexandre, cortando com sua espada o nó górdio; eles não erguerão o gládio de Carlos Magno. O governo pela ciência torna-se tão impossível quanto o do direito divino, o do dinheiro ou da força brutal. Todos os poderes são, doravante, submetidos a uma crítica implacável. Homens nos quais nasceu o sentimento de igualdade não se deixam mais governar, aprendem a governar a eles mesmos. Precipitando do alto dos céus aquele do qual todo poder era suposto descer, as sociedades derrubam também todos aqueles que reinavam em seu nome. Tal é a revolução que se realiza. Os Estados se deslocam para dar lugar a uma nova ordem, na qual, assim como Bakunin gostava de dizer, "a justiça humana substituirá a justiça divina". Se é permitido citar um nome entre os revolucionários que colaboraram neste imenso trabalho de renovação, não há nenhum que possamos assinalar com mais justiça do que o de Mikhail Bakunin.

Carlo Cafiero e Élisée Reclus, editores. Genebra, 1882.

DEUS E O ESTADO

DEUS E O ESTADO

Três elementos ou três princípios fundamentais constituem, na história, as condições essenciais de todo desenvolvimento humano, coletivo ou individual: 1º, *a animalidade humana;* 2º, *o pensamento;* 3º, *a revolta*. À primeira corresponde propriamente *a economia social e privada;* à segunda, *a ciência;* à terceira, *a liberdade*.

Os idealistas de todas as escolas, aristocratas e burgueses, teólogos e metafísicos, políticos e moralistas, religiosos, filósofos ou poetas, sem esquecer os economistas liberais, adoradores desmedidos do ideal, como se sabe, ofendem-se muito quando lhes diz que o homem, com sua inteligência magnífica, suas ideias sublimes e suas aspirações infinitas, nada mais é, como tudo o que existe nesse mundo, que um produto da *vil matéria*.

Poderíamos responder-lhes que a matéria da qual falam os materialistas, matéria espontânea, eternamente móvel, ativa, produtiva, a matéria química ou organicamente determinada e manifesta pelas propriedades ou pelas forças mecânicas, físicas, animais e inteligentes, que lhe são forçosamente inerentes, essa matéria nada tem de comum com *a vil matéria dos idealistas*. Essa última, produto da falsa abstração deles, é efetivamente uma coisa estúpida, inanimada, imóvel, incapaz de dar vida ao mínimo produto, um *caput mortuum,* uma *infame* imaginação oposta a essa *bela* imaginação que eles chamam *Deus;* em relação ao Ser supremo, a matéria, a matéria deles, despojada por eles mesmos de tudo o que constitui sua natureza real, representa necessariamente o supremo nada.

DEUS E O ESTADO

Eles retiraram da matéria a inteligência, a vida, todas as qualidades determinantes, as relações ativas ou as forças, o próprio movimento, sem o qual a matéria sequer teria peso, nada lhe deixando da impenetrabilidade e da imobilidade absoluta no espaço; eles atribuíram todas essas forças, propriedades ou manifestações naturais, ao ser imaginário criado por sua fantasia abstrativa; em seguida, invertendo os papéis, denominaram esse produto de sua imaginação, esse fantasma, esse Deus que é o nada, "Ser supremo"; e, por consequência necessária, declararam que o Ser real, a matéria, o mundo, era o nada. Depois disso eles vêm nos dizer gravemente que essa matéria é incapaz de produzir qualquer coisa que seja, até mesmo colocar-se em movimento por si mesma, e que por consequência deve ter sido criada por seu Deus.

Quem tem razão, os idealistas ou os materialistas? Uma vez feita a pergunta, a hesitação torna-se impossível. Sem dúvida, os idealistas estão errados e os materialistas certos. Sim, os fatos têm primazia sobre as ideias; sim, o ideal, como disse Proudhon, nada mais é do que uma flor, cujas condições materiais de existência constituem a raiz. Sim, toda a história intelectual e moral, política e social da humanidade, é um reflexo de sua história econômica.

Todos os ramos da ciência moderna, da verdadeira e desinteressada ciência, concorrem para proclamar essa grande verdade, fundamental e decisiva: o mundo social, o mundo propriamente humano, a humanidade numa palavra, outra coisa não é senão o desenvolvimento supremo, a manifestação mais elevada da animalidade — pelo menos para nós e em relação ao nosso planeta. Mas como todo desenvolvimento implica necessariamente uma negação, da base ou do ponto de partida, a humanidade é, ao mesmo tempo e essencialmente, a negação refletida e progressiva da animalidade nos homens; e é precisamente essa negação, racional por ser natural, simultaneamente histórica e lógica, fatal como são os desenvolvimentos e as realizações de todas as leis naturais no mundo, é ela que constitui e que cria o ideal, o mundo das convicções intelectuais e morais, as ideias.

Sim, nossos primeiros ancestrais, nossos Adão e Eva foram, senão gorilas, pelo menos primos muito próximos dos gorilas, dos onívoros, dos animais inteligentes e ferozes, dotados, em grau maior do que o dos animais de todas as outras espécies, de duas faculdades preciosas: *a faculdade de pensar e a necessidade de se revoltar.*

Essas duas faculdades, combinando sua ação progressiva na história, representam a potência negativa no desenvolvimento positivo da animalidade humana, e criam consequentemente tudo o que constitui a humanidade nos homens.

A Bíblia, que é um livro muito interessante, e aqui e ali muito profundo, quando o consideramos como uma das mais antigas manifestações da sabedoria e da fantasia humanas, exprime essa verdade, de maneira muito ingênua, em seu mito do pecado original. Jeová, que, de todos os bons deuses adorados pelos homens, foi certamente o mais ciumento, o mais vaidoso, o mais feroz, o mais injusto, o mais sanguinário, o mais despótico e o maior inimigo da dignidade e da liberdade humanas; Jeová acabava de criar Adão e Eva, não se sabe por qual capricho, talvez para ter novos escravos. Ele pôs, generosamente, à disposição deles toda a Terra, com todos os seus frutos e todos os seus animais, e impôs um único limite a esse completo gozo: proibiu-os expressamente de tocar nos frutos da árvore da ciência. Ele queria, pois, que o homem, privado de toda consciência de si mesmo, permanecesse um eterno animal, sempre de quatro patas diante do Deus "vivo", seu criador e seu senhor. Mas eis que chega Satã, o eterno revoltado, o primeiro livre-pensador e o emancipador dos mundos! Ele faz o homem envergonhar-se de sua ignorância e de sua obediência bestiais; ele o emancipa, imprime em sua fronte a marca da liberdade e da humanidade, levando-o a desobedecer e a provar do fruto da ciência.

Conhece-se o resto. O bom Deus, cuja presciência, constituindo uma das divinas faculdades, deveria tê-lo advertido do que aconteceria; pôs-se em terrível e ridículo furor: amaldiçoou Satã, o homem e o mundo criados por ele próprio, ferindo-se, por assim dizer, em sua própria criação, como fazem as crianças quando se põem em cólera; e não contente em atingir nossos ancestrais, naquele momento ele os amaldiçoou em todas as suas gerações futuras, inocentes do crime cometido por seus ancestrais. Nossos teólogos católicos e protestantes acham isso muito profundo e justo, precisamente porque é monstruosamente iníquo e absurdo. Depois, lembrando-se de que ele não era somente um Deus de vingança e cólera, mais ainda, um Deus de amor, após ter atormentado a existência de alguns bilhões de pobres seres humanos e tê-los condenado a um eterno inferno, sentiu piedade e para salvá-los, para reconciliar seu amor eterno e divino com sua cólera eterna e divina, sempre ávida de vítimas e de sangue, ele enviou ao mundo, como uma vítima expiatória, seu filho único, a fim de que ele fosse morto pelos homens. Isto é denominado mistério da Redenção, base de todas as religiões cristãs.

Ainda se o divino Salvador tivesse salvo o mundo humano! Mas não; no paraíso prometido pelo Cristo, como se sabe, visto que é formalmente anunciado, haverá poucos eleitos. O resto, a imensa maioria das gerações presentes e futuras, arderá eternamente no inferno. Enquanto isso, para nos consolar, Deus, sempre justo, sempre bom, entrega a Terra ao governo dos Napoleão III, Guilherme I, Ferdinando da Áustria e Alexandre de todas as Rússias.

Tais são os contos absurdos que se narram e as doutrinas monstruosas que se ensinam, em pleno século XIX, em todas as escolas populares da Europa, sob ordem expressa dos governos. Chama-se a isso civilizar os povos! Não é evidente que todos os governos são os envenenadores sistemáticos, os embrutecedores interessados das massas populares?

Eis os ignóbeis e criminosos meios que eles empregam para reter as nações em eterna escravidão, a fim de poder melhor despojá-las, sem dúvida nenhuma. O que são os crimes de todos os Tropmann do mundo, em presença desse crime de lesa-humanidade que se comete cotidiana e abertamente, sobre toda a superfície do mundo civilizado, por aqueles mesmos que ousam chamar-se de tutores e pais dos povos?

Entretanto, no mito do pecado original, Deus deu razão a Satã; ele reconheceu que o diabo não havia enganado Adão e Eva ao lhes prometer a ciência e a liberdade, como recompensa pelo ato de desobediência que ele os induzira a cometer. Assim que eles provaram do fruto proibido, Deus disse a si mesmo (ver a Bíblia): "Aí está, o homem tornou-se como um dos deuses, ele conhece o bem e o mal; impeçamo-lo pois de comer o fruto da vida eterna, a fim de que ele não se torne imortal como nós".

Deixemos agora de lado a parte fabulosa desse mito, e consideremos seu verdadeiro sentido, muito claro, por sinal. O homem emancipou-se, separou-se da animalidade e constituiu-se homem; ele começou sua história e seu desenvolvimento especificamente humano por um ato de desobediência e de ciência, isto é, pela revolta e pelo pensamento.

O sistema dos idealistas apresenta-nos inteiramente ao contrário. É a reviravolta absoluta de todas essas experiências humanas e desse bom-senso universal e comum, que é a condição essencial de qualquer conhecimento humano, e que, partindo dessa verdade tão simples, há tanto tempo reconhecida, que dois mais dois são quatro, até às considerações científicas mais sublimes e mais complicadas, não admitindo, por sinal, nada que não seja severamente confirmado pela experiência e pela observação das coisas e dos fatos, constitui a única base séria dos conhecimentos humanos.

Concebe-se perfeitamente o desenvolvimento sucessivo do mundo material, tanto quanto o da vida orgânica, animal e da inteligência historicamente progressiva do homem, individual ou social. É um movimento completamente natural, do simples ao composto, de baixo para cima, ou do inferior ao superior; um movimento conforme a todas as nossas experiências cotidianas e, consequentemente, conforme também à nossa lógica natural, às leis próprias de nosso espírito, que só se formam e só podem desenvolver-se com a ajuda dessas mesmas experiências, que nada mais são senão sua reprodução mental, cerebral, ou o resumo ponderado.

Longe de seguir a via natural, de baixo para cima, do inferior ao superior, e do relativamente simples ao mais complicado; em vez de admitir sabiamente, racionalmente, a transição progressiva e real do mundo denominado inorgânico ao mundo orgânico, vegetal, animal, em seguida especialmente humano; da matéria ou do ser químico à matéria ou ao ser vivo, e do ser vivo ao ser pensante, os idealistas, obsedados, cegos e impulsionados pelo fantasma divino que herdaram da teologia, tomam a via absolutamente contrária. Eles vão de cima para baixo, do superior ao inferior, do complicado ao simples. Eles começam por Deus, seja como pessoa, seja como substância ou ideia divina, e o primeiro passo que dão é uma terrível queda das alturas sublimes do eterno ideal na lama do mundo material: da perfeição absoluta na imperfeição absoluta; do pensamento ao ser, ou ainda, do Ser supremo ao nada. Quando, como e por que o Ser divino, eterno, infinito, o perfeito absoluto, provavelmente entediado de si mesmo, decidiu-se a esse salto mortal desesperado, eis o que nenhum idealista, nem teólogo, nem metafísico, nem poeta, jamais soube compreender, nem explicar aos profanos. Todas as religiões passadas e presentes e todos os sistemas de filosofia transcendentes apoiam-se nesse único e iníquo mistério.[1] Santos homens, legisladores inspirados, profetas e messias, procuraram lá a vida e só encontraram a tortura e a morte. Assim como a esfinge antiga, ele os devorou, porque não souberam explicar esse mistério. Grandes filósofos, desde Heráclito e Platão até Descartes, Spinoza, Leibniz, Kant, Fichte, Schelling e Hegel, sem falar dos filósofos hindus, escreveram amontoados de volumes e criaram sistemas tão engenhosos quanto sublimes, nos quais disseram passagens muito belas, e grandes coisas, e descobriram verdades imortais, mas deixaram esse mistério, objeto principal de suas investigações transcendentes, tão insondável quanto antes deles. Os esforços gigantescos dos mais admiráveis gênios que o mundo conhece, e

---

[1] Eu o denomino "iníquo" porque esse mistério foi e ainda continua sendo a consagração de todos os horrores que foram cometidos e que se cometem no mundo; eu o denomino "iníquo" porque todos os outros absurdos teológicos e metafísicos que embrutecem o espírito dos homens nada mais são do que suas consequências necessárias.

que, uns após outros, durante trinta séculos pelo menos, empreenderam sempre esse trabalho de Sísifo, só conseguiram tornar esse mistério mais incompreensível ainda. Podemos esperar que ele nos seja desvendado pelas especulações rotineiras de algum pedante discípulo de uma metafísica artificialmente requentada, numa época em que todos os espíritos vivos e sérios desviaram-se dessa ciência equívoca, saída de uma composição entre o contrassenso da fé e a sadia razão científica?

É evidente que esse terrível mistério é inexplicável, isto é, absurdo, e absurdo porque não se deixa explicar. É evidente que alguém que dele necessite para sua felicidade, para sua vida, deve renunciar à sua razão e retornar, caso seja possível, à fé ingênua, cega, estúpida; repetir com Tertuliano e com todos os crentes sinceros essas palavras que resumem a própria quintessência da teologia: *Credo quia absurdum*.

Nesse caso, cessa toda a discussão e só resta a estupidez triunfante da fé. Mas logo em seguida surge uma outra pergunta: Como pode nascer, em um homem inteligente e instruído, a necessidade de crer nesse mistério?

Que a crença em Deus, criador, ordenador, juiz senhor, amaldiçoador, salvador e benfeitor do mundo, tenha se conservado no povo, e sobretudo nas populações rurais muito mais do que no proletariado das cidades, nada mais natural. O povo, infelizmente, é ainda muito ignorante e mantido na ignorância pelos esforços sistemáticos de todos os governos que consideram isso, com muita razão, uma das condições essenciais de seu próprio poder. Esmagado por seu trabalho cotidiano, privado de lazer, de relação intelectual, de leitura, enfim, de quase todos os meios e de uma boa parte dos estímulos que desenvolvem a reflexão nos homens, o povo aceita, na maioria das vezes, sem crítica e em bloco, as tradições religiosas. Elas o envolvem desde a primeira idade, em todas as circunstâncias de sua vida, artificialmente mantidas em seu seio por uma multidão de corruptores oficiais de todos os tipos, padres e leigos; elas transformam-se entre eles em um tipo de hábito mental, frequentemente mais poderoso do que seu bom-senso natural.

Há uma outra razão que explica e legitima de certo modo as crenças absurdas do povo.

Essa razão é a situação miserável à qual ele se encontra, fatalmente condenado pela organização econômica da sociedade, nos países mais civilizados da Europa. Reduzido, sob o aspecto intelectual e moral, tanto quanto sob o aspecto material, ao mínimo de uma existência humana, recluso em sua vida como um prisioneiro em sua prisão, sem horizontes, sem saída, até mesmo sem futuro, se se acredita nos economistas, o povo deveria ter a alma singularmente estreita e o instinto aviltado dos burgueses para não sentir a necessidade de sair disso; mas, para isso, há somente três meios: dois fantásticos, e o terceiro real. Os dois primeiros são o cabaré e a igreja; o terceiro é a revolução social. Essa última, muito mais que a propaganda antiteológica dos livre-pensadores, será capaz de destruir as crenças religiosas e os hábitos de libertinagem no povo; crenças e hábitos que estão mais intimamente ligados do que se pensa. Substituindo os gozos simultaneamente ilusórios e brutais da orgia corporal e espiritual pelos gozos tão delicados quanto ricos da humanidade desenvolvida em cada um e em todos, a revolução social terá a força de fechar, ao mesmo tempo, todos os cabarés e todas as igrejas.

Até lá, o povo, considerado em massa, crerá, e se não tem razão de crer, pelo menos terá o direito de fazê-lo.

Há uma categoria de pessoas que, se não creem, devem pelo menos fazer de conta que sim. São todos os atormentadores, os opressores, os exploradores da humanidade: padres, monarcas, homens de Estado, homens de guerra, financistas públicos e privados, funcionários de todos os tipos, soldados, policiais, carcereiros e carrascos, capitalistas, aproveitadores, empresários e proprietários, advogados, economistas, políticos de todas as cores, até o último vendedor de especiarias, todos repetirão em uníssono essas palavras de Voltaire: "Se Deus não existisse, seria preciso inventá-lo".

Vós compreendeis, "é preciso uma religião para o povo". É a válvula de escape.

Há também um número de almas honestas, mas fracas, que, muito inteligentes para levar os dogmas cristãos a sério, rejeita-os a retalho, mas não têm a coragem, nem a força, nem a resolução necessária para repeli-los por atacado. Elas abandonam à crítica todos os absurdos particulares da religião, elas desdenham de todos os milagres, mas se agarram desesperadamente ao absurdo principal, fonte de todos os outros, ao milagre que explica e legitima todos os outros milagres, à existência de Deus. Seu Deus não é, em nada, o Ser vigoroso e potente, o Deus totalmente positivo da teologia. É um ser nebuloso, diáfano, ilusório, de tal forma ilusório que se transforma em nada quando se acredita tê-lo agarrado; é uma miragem, uma pequena chama que não aquece nem ilumina. E, no entanto, elas prendem-se a ele, e acreditam que se ele desaparecesse, tudo desapareceria com ele. São almas incertas, doentes, desorientadas na civilização atual, não pertencendo nem ao presente nem ao futuro, pálidos fantasmas eternamente suspensos entre o Céu e a Terra, e ocupando, entre a política burguesa e o socialismo do proletariado, absolutamente a mesma posição. Elas não sentem força para pensar até o fim, nem para querer, nem para se decidir, e perdem seu tempo e sua ocupação esforçando-se sempre em conciliar o inconciliável.

Na vida pública, essas pessoas chamam-se socialistas burgueses. Nenhuma discussão é possível com elas. Elas são muito doentes.

Mas há um pequeno número de homens ilustres, dos quais ninguém ousará falar sem respeito, e dos quais nada poderá colocar em dúvida nem a saúde vigorosa, nem a força de espírito, nem a boa fé. Basta que eu cite os nomes de Mazzini, Michelet, Quinet, John Stuart Mill.[2] Almas generosas e fortes, grandes corações, grandes espíritos, grandes escritores; o primeiro, regenerador heroico e revolucionário de uma grande nação; são todos apóstolos do idealismo, desprezadores e adversários apaixonados do materialismo, e, consequentemente, do socialismo, tanto em filosofia quanto em política.

É, pois, contra eles que é preciso discutir essa questão.

***

Constatemos inicialmente que nenhum dos homens ilustres que acabo de citar, nem qualquer outro pensador idealista com alguma importância em nossos dias ocupou-se, para dizer a verdade, com a parte lógica dessa questão. Nenhum tentou resolver filosoficamente a possibilidade do *salto mortal* divino das regiões eternas e puras

[2] Stuart Mill é talvez o único a quem seja permitido colocar em dúvida o idealismo sério; e isso por duas razões: a primeira é que, se ele não é absolutamente o discípulo, é um admirador apaixonado, um adepto da filosofia positiva de Auguste Comte, filósofo que, apesar de suas inúmeras reticências, é realmente ateu; a segunda é que Stuart Mill era inglês, e na Inglaterra proclamar-se ateu é colocar-se fora da sociedade, mesmo hoje.

do espírito à lama do mundo material. Será que eles temeram abordar essa insolúvel contradição e desesperaram-se para resolvê-la, depois que os maiores gênios da história fracassaram, ou será que eles a consideraram já suficientemente resolvida? É segredo deles. O fato é que eles deixaram de lado a demonstração teórica da existência de um Deus, e só desenvolveram suas razões e consequências práticas. Eles falaram dele como de um fato universalmente aceito e, como tal, não podendo mais tornar-se objeto de uma dúvida qualquer, limitando-se, contra qualquer prova, a constatar a antiguidade e mesmo a universalidade da crença em Deus.

Essa unanimidade imponente, segundo a opinião de muitos homens e escritores ilustres, e, para citar apenas os mais renomados dentre eles, Joseph de Maistre e o grande patriota italiano Giuseppe Mazzini, vale mais do que todas as demonstrações da ciência; e, se a lógica de um pequeno número de pensadores consequentes e mesmo muito influentes, mas isolados, é-lhe contrária, tanto pior, dizem eles, para esses pensadores e para sua lógica, pois o consentimento geral, a adoção universal e antiga de uma ideia foram sempre consideradas como a prova mais vitoriosa de sua verdade. O sentimento de todo mundo, uma convicção que é encontrada e mantém-se sempre e em todos os lugares não poderia enganar-se; eles devem ter sua raiz numa necessidade absolutamente inerente à própria natureza do homem. E visto que foi constatado que todos os povos passados e presentes acreditaram e acreditam na existência de Deus, é evidente que aqueles que têm a infelicidade de duvidar disso, qualquer que seja a lógica que os tenha levado a essa dúvida, são exceções, anomalias, monstros.

Assim, pois, a antiguidade e a universalidade de uma crença seriam, contra toda ciência e contra toda lógica, uma prova suficiente e irrecusável de sua verdade.

Por quê?

Até o século de Galileu e de Copérnico, todo mundo acreditava que o sol girava em torno da Terra. Todo mundo não estava errado? O que há de mais antigo e de mais universal do que a escravidão? A antropofagia, talvez. Desde a origem da sociedade histórica, até nossos dias, sempre houve, e em todos os lugares, exploração do trabalho forçado das massas, escravos, servos ou assalariados, por alguma minoria dominante, opressão dos povos pela Igreja e pelo Estado. Deve-se concluir que essa exploração e essa opressão sejam necessidades absolutamente inerentes à própria existência da sociedade humana? Eis alguns exemplos que mostram que a argumentação dos advogados do bom Deus nada prova.

Nada é, com efeito, nem tão universal nem tão antigo quanto o iníquo e o absurdo; é, ao contrário, a verdade, a justiça que, no desenvolvimento das sociedades humanas, são as menos universais e as mais jovens. Assim se explica, por sinal, um fenômeno histórico constante: as perseguições àqueles que proclamam a primazia da verdade, por parte dos representantes oficiais, privilegiados e interessados nas crenças "universais" e "antigas", e frequentemente também por parte dessas mesmas massas populares que, após tê-los inicialmente desconhecido, acabam sempre por adotar e por fazer triunfar suas ideias.

Para nós, materialistas e socialistas revolucionários, não há nada que nos surpreenda e nos amedronte nesse fenômeno histórico. Fortalecidos em nossa consciência, em nosso amor pela verdade, por essa paixão lógica que por si só constitui uma grande força, e fora da qual não há pensamento; fortalecidos em nossa paixão pela justiça e em nossa fé inquebrantável no triunfo da humanidade sobre todas as bestialidades teóricas e práticas; fortalecidos, enfim, em nossa confiança e no apoio mútuo que se dá o pequeno número daqueles que compartilham nossas convicções, nós nos resignamos por nós mesmos a todas as consequências desse fenômeno histórico no qual vemos a manifestação de uma lei social tão invariável quanto todas as outras leis que governam o mundo.

Essa lei é uma consequência lógica, inevitável, da origem animal da sociedade humana; e diante de todas as provas científicas, fisiológicas, psicológicas, históricas, que se acumularam em nossos dias, assim como diante das façanhas dos alemães conquistadores da França, que dão uma demonstração tão ruidosa, não é mais possível, realmente, duvidar disso. Mas, do momento em que se aceita essa origem animal do homem, tudo se explica. A história nos aparece então como a negação revolucionária, ora lenta, apática, adormecida, ora apaixonada e possante, do passado. Ela consiste precisamente na negação progressiva da animalidade primitiva do homem pelo desenvolvimento de sua humanidade. O homem, animal feroz, primo do gorila, partiu da noite profunda do instinto animal para chegar à luz do espírito, o que explica de uma maneira completamente natural todas as suas divagações passadas e nos consola em parte de seus erros presentes. Ele partiu da escravidão animal, e atravessando a escravidão divina, termo transitório entre sua animalidade e sua humanidade, caminha hoje rumo à conquista e à realização da liberdade humana. Resulta daí que a antiguidade de uma crença, de uma ideia, longe de provar alguma coisa em seu favor, deve, ao contrário, torná-la suspeita para nós. Isto porque atrás de nós está nossa animalidade, e diante de nós nossa humanidade; a luz humana, a única que pode nos aquecer e nos iluminar, a única que pode nos emancipar, tornar-nos dignos, livres, felizes e realizar a fraternidade entre nós, jamais está no princípio, mas, relativamente, na época em que se vive, e sempre no fim da história. Não olhemos jamais para trás, olhemos sempre para a frente; à frente está nosso sol, nossa salvação; se nos é permitido, se é mesmo útil, necessário nos virarmos para o estudo de nosso passado, é apenas para constatar o que fomos e o que não devemos mais ser, o que acreditamos e pensamos, e o que não devemos mais acreditar nem pensar, o que fizemos e o que nunca mais deveremos fazer.

Eis o que concerne à antiguidade. Quanto à universalidade de um erro, ela só prova uma coisa: a semelhança, senão a perfeita identidade da natureza humana, em todos os tempos e sob todos os climas. E, visto que está constatado que todos os povos, em todas as épocas de sua vida, acreditaram e acreditam ainda em Deus, devemos concluir disso, simplesmente, que a ideia divina, emanada de nós mesmos, é um erro historicamente necessário no desenvolvimento da humanidade, e nos perguntarmos por que e como ele foi produzido na história, por que a imensa maioria da espécie humana o aceita, ainda hoje, como uma verdade?

Enquanto não soubermos dar-nos conta da maneira como a ideia de um mundo sobrenatural e divino se produziu, e pôde fatalmente se produzir no desenvolvimento histórico da consciência humana, de nada adiantará estarmos cientificamente convencidos do absurdo dessa ideia, não conseguiremos nunca destruí-la na opinião da maioria, porque não saberemos jamais atacá-la nas profundezas do ser humano, onde ela originou-se. Condenados a uma esterilidade sem saída e sem fim, devemos sempre contentar-nos em combatê-la somente na superfície, em suas inúmeras manifestações, cujo absurdo, tão logo abatido pelos golpes do bom-senso, renasce imediatamente após, sob uma nova forma, não menos insensata. Enquanto a raiz de todos os absurdos que atormentam o mundo não for destruída, a crença em Deus permanecerá intacta e jamais deixará de produzir novos brotos. É assim que, em nossos dias, em certas regiões da alta sociedade, o espiritismo tende a instalar-se sobre as ruínas do cristianismo.

Não é somente no interesse das massas, é no interesse da saúde de nosso próprio espírito que devemos nos esforçar para compreender a gênese histórica, a sucessão das causas que desenvolveram e produziram a ideia de Deus na consciência dos homens. De nada adianta nos dizermos e nos considerarmos ateus; enquanto não tivermos compreendido essas causas, deixar-nos-emos sempre mais ou menos dominar pelos clamores dessa consciência universal, da qual não teremos descoberto o segredo, e dada a fraqueza natural do indivíduo, mesmo do mais forte, contra a influência todo-poderosa do meio social que o entrava, corremos sempre o risco de recair, cedo ou tarde, de uma maneira ou de outra, no abismo do absurdo religioso. Os exemplos dessas conversões vergonhosas são frequentes na sociedade atual.

***

Falei da razão prática principal do poder exercido ainda hoje pelas crenças religiosas sobre as massas. Essas disposições místicas não denotam no homem somente uma aberração do espírito, mas um profundo descontentamento do coração. É o protesto instintivo e apaixonado do ser humano contra as estreitezas, as vulgaridades, as dores e as vergonhas de uma existência miserável. Contra essa doença, já disse, só há um único remédio: a revolução social.

Em outros escritos preocupei-me em expor as causas que presidiram ao nascimento e ao desenvolvimento histórico das alucinações religiosas na consciência do homem. E, aqui, quero tratar dessa questão da existência de um Deus, ou da origem divina do mundo e do homem sob o ponto de vista de sua utilidade moral e social, e direi poucas palavras sobre a razão teórica dessa crença, a fim de melhor explicar meu pensamento.

Todas as religiões, com seus deuses, seus semideuses e seus profetas, seus messias e seus santos, foram criadas pela fantasia crédula do homem, que ainda não alcançou o pleno desenvolvimento e a plena posse de suas faculdades intelectuais. Em consequência, o Céu religioso nada mais é do que uma miragem onde o homem, exaltado pela ignorância e pela fé, encontra sua própria imagem, mas ampliada e invertida, isto é, divinizada. A história das religiões, a do nascimento, da grandeza e da decadência dos deuses que se sucederam na crença humana, não é nada mais do que o desenvolvimento da inteligência e da consciência coletivas dos homens. À medida que, em sua marcha historicamente progressiva, eles descobriam, seja neles próprios, seja na natureza exterior, uma força, uma qualidade, ou mesmo um grande defeito quaisquer, eles os atribuíam a seus deuses após tê-los exagerado, ampliado desmedidamente, como o fazem habitualmente as crianças, por um ato de sua fantasia religiosa. Graças a essa modéstia e a essa piedosa generosidade dos homens, crentes e crédulos, o Céu enriqueceu-se com os despojos da Terra, e, por consequência necessária, quanto mais o Céu se tornava rico, mais a humanidade e a Terra tornavam-

-se miseráveis. Uma vez instalada a divindade, ela foi naturalmente proclamada a causa, a razão, o árbitro e o distribuidor absoluto de todas as coisas: o mundo não foi mais nada, ela foi tudo; e o homem, seu verdadeiro criador, após tê-la tirado do nada sem o saber, ajoelhou-se diante dela, adorou-a e proclamou-se sua criatura e seu escravo.

O cristianismo é precisamente a religião por excelência, porque ele expõe e manifesta, em sua plenitude, a natureza, a própria essência de todo o sistema religioso, que é empobrecimento, escravização e aniquilamento da humanidade em proveito da divindade.

Deus sendo tudo, o mundo real e o homem não são nada. Deus sendo a verdade, a justiça, o bem, o belo, a força e a vida, o homem é a mentira, a iniquidade, o mal, a feiura, a impotência e a morte. Deus sendo o senhor, o homem é o escravo. Incapaz de encontrar por si próprio a justiça, a verdade e a vida eterna, ele só pode alcançar isso por meio de uma revelação divina. Mas quem diz revelação diz reveladores, messias, profetas, padres e legisladores inspirados pelo próprio Deus; e esses, uma vez reconhecidos como os representantes da divindade sobre a Terra, como os santos instituidores da humanidade, eleitos pelo próprio Deus para dirigi-la em direção à via da salvação, exercem necessariamente um poder absoluto. Todos os homens devem-lhes uma obediência passiva e ilimitada, pois contra a razão divina não há razão humana, e contra a justiça de Deus não há justiça terrestre que se mantenha. Escravos de Deus, os homens devem sê-lo também da Igreja e do Estado, enquanto esse último for consagrado pela Igreja. Eis o que, de todas as religiões que existem ou que existiram, o cristianismo compreendeu melhor do que as outras, sem excetuar a maioria das antigas religiões orientais, as quais só abarcaram povos distintos e privilegiados, enquanto o cristianismo tem a pretensão de abarcar a humanidade inteira; eis o que, de todas as seitas cristãs, o catolicismo romano, sozinho, proclamou e realizou com uma consequência rigorosa. É por isso que o cristianismo é a religião absoluta, a última religião, é por isso que a Igreja apostólica e romana é a única consequente, a única lógica.

A despeito dos metafísicos e dos idealistas religiosos, filósofos, políticos ou poetas, a ideia de Deus implica a abdicação da razão e da justiça humanas; ela é a negação mais decisiva da liberdade humana e resulta necessariamente na escravidão dos homens, tanto na teoria quanto na prática.

A não ser que queiramos a escravidão e o envilecimento dos homens, como o querem os jesuítas, como o querem os *mômiers*[3], os pietistas[4] e os metodistas protestantes, não podemos nem devemos fazer a mínima concessão, nem ao Deus da teologia nem ao da metafísica. Aquele que, nesse alfabeto místico, começa por Deus, deverá fatalmente acabar por Deus; aquele que quer adorar Deus, deve, sem se pôr ilusões pueris, renunciar bravamente à sua liberdade e à sua humanidade.

Se Deus existe, o homem é escravo; ora, o homem pode, deve ser livre, portanto, Deus não existe.

Desafio quem quer que seja para sair desse círculo, e agora que se escolha.

É preciso lembrar quanto e como as religiões embrutecem e corrompem os povos? Elas matam neles a razão, o principal instrumento da emancipação humana e

---

[3] Apelidos de certos metodistas na Suíça [N. do T.].
[4] Adeptos da doutrina ascética da Igreja Luterana alemã no século XVII [N. do T.].

os reduzem à imbecilidade, condição essencial da escravidão. Elas desonram o trabalho humano e fazem dele sinal e fonte de servidão. Elas matam a noção e o sentimento da justiça humana, fazendo sempre pender a balança para o lado dos patifes triunfantes, objetos privilegiados da graça divina. Elas matam o orgulho e a dignidade humana, protegendo apenas os submissos e os humildes. Elas sufocam no coração dos povos todo sentimento de fraternidade humana, preenchendo-o de crueldade.

Todas as religiões são cruéis, todas são fundadas sobre o sangue, visto que todas repousam principalmente sobre a ideia do sacrifício, isto é, sobre a imolação perpétua da humanidade à insaciável vingança da divindade. Nesse sangrento mistério, o homem é sempre a vítima, e o padre, homem também, mas homem privilegiado pela graça, é o divino carrasco. Isto nos explica por que os sacerdotes de todas as religiões, os melhores, os mais humanos, os mais doces, têm quase sempre no fundo de seu coração — senão no coração, pelo menos em sua imaginação, em seu espírito — alguma coisa de cruel e de sanguinário.

***

Tudo isso, nossos ilustres idealistas contemporâneos sabem melhor do que ninguém. São homens sábios, que conhecem sua história de memória; e como eles são ao mesmo tempo homens vivos, grandes almas penetradas de um amor sincero e profundo pelo bem da humanidade, eles amaldiçoaram e estigmatizaram todas essas malfeitorias, todos esses crimes da religião com uma eloquência sem igual. Eles rejeitam com indignação toda solidariedade com o Deus das religiões positivas e com seus representantes passados e presentes sobre a Terra.

O Deus que eles adoram, ou que eles pensam adorar, distingue-se precisamente dos deuses reais da história por não ser um Deus positivo, determinado da maneira que se quiser, teologicamente, ou até mesmo metafisicamente. Não é nem o Ser supremo de Robespierre e de J.-J. Rousseau, e nem o Deus panteísta de Spinoza, nem mesmo o Deus, ao mesmo tempo inocente, transcendente e muito equívoco de Hegel. Eles tomam cuidado de lhe dar uma determinação positiva qualquer, sentindo muito bem que toda determinação o submeteria à ação dissolvente da crítica. Eles não dirão se ele é um Deus pessoal ou impessoal, se ele criou ou não criou o mundo; sequer falarão de sua divina providência. Tudo isso poderia comprometê-lo. Eles se contentarão em dizê-lo: Deus, e nada mais do que isso. Mas então o que é seu Deus? Não é sequer uma ideia, é uma aspiração.

É o nome genérico de tudo o que parece grande, bom, belo, nobre, humano. Mas por que não dizem então: o homem? Ah! É que o rei Guilherme da Prússia e Napoleão III, e todos os idênticos a eles são igualmente homens: eis o que os embaraça muito. A humanidade real nos apresenta um conjunto de tudo o que há de mais vil e de mais monstruoso no mundo. Como sair disso? Eles chamam um de divino e o outro de bestial, representando a divindade e a animalidade como dois polos entre os quais eles situam a humanidade. Eles não querem ou não podem compreender que esses três termos formam um único, e que se os separarmos, nós os destruímos.

Eles não são bons em lógica, e dir-se-ia que a desprezam. É isso que os distingue dos metafísicos panteístas e deístas, o que imprime às suas ideias o caráter de um idealismo prático, buscando suas inspirações menos no desenvolvimento severo de um pensamento do que nas experiências, direi, quase nas emoções, tanto históricas e coletivas quanto individuais, da vida. Isto dá à sua propaganda uma aparência de riqueza e de potência vital, mas aparência somente, pois a vida torna-se estéril quando é paralisada por uma contradição lógica.

Essa contradição é a seguinte: eles querem Deus e querem a humanidade. Obstinam-se em colocar juntos dois termos que, uma vez separados, só podem reencontrar-se para se entredestruir. Eles dizem de uma só vez: Deus e a liberdade do homem, Deus e a dignidade, a justiça, a igualdade, a fraternidade, a prosperidade dos homens, sem se preocupar com a lógica fatal, em virtude da qual, se Deus existe, ele é necessariamente o senhor eterno, supremo, absoluto, e se esse senhor existe, o homem é escravo; se ele é escravo, não há justiça, nem igualdade, nem fraternidade, nem prosperidade possível. De nada adiantará, contrariamente ao bom-senso e a todas as experiências da história, eles representarem seu Deus animado do mais doce amor pela liberdade humana: um senhor, por mais que ele faça e por mais liberal que queira mostrar-se, jamais deixa de ser, por isso, um senhor. Sua existência implica necessariamente a escravidão de tudo o que se encontra debaixo dele. Assim, se Deus existisse, só haveria para ele um único meio de servir à liberdade humana; seria o de cessar de existir.

Amoroso e ciumento da liberdade humana e considerando-a como a condição absoluta de tudo o que adoramos e respeitamos na humanidade, inverto a frase de Voltaire e digo que, se Deus existisse, seria preciso aboli-lo.

***

A severa lógica que me dita essas palavras é muito evidente para que eu necessite desenvolver essa argumentação. E parece-me impossível que os homens ilustres, dos quais citei os nomes tão célebres e tão justamente respeitados, não tenham sido tocados e não tenham percebido a contradição na qual caem ao falar de Deus e da liberdade humana simultaneamente. Para que não levassem isso em conta, foi preciso que tivessem pensado que essa inconsequência ou essa injustiça fosse, na prática, necessária para o próprio bem da humanidade.

Talvez, também, ao falar da liberdade como de uma coisa que é para eles respeitável e cara, eles a compreendam completamente diferente da que concebemos, nós, materialistas e socialistas revolucionários. Com efeito, eles não falam jamais dela sem acrescentar imediatamente uma outra palavra, a da autoridade, uma palavra e uma coisa que detestamos com toda a força de nosso coração.

O que é a autoridade? É a força inevitável das leis naturais que se manifestam no encadeamento e na sucessão fatal dos fenômenos do mundo físico e do mundo social? Efetivamente, contra essas leis, a revolta é não somente proibida, mas também impossível. Podemos conhecê-las mal, ou ainda não conhecê-las, mas não podemos desobedecê-las porque elas constituem a base e as próprias condições de nossa existência: elas envolvem-nos, penetram-nos, regulam todos os nossos movimentos, pensamentos e atos; mesmo quando pensamos desobedecê-las, não fazemos outra coisa senão manifestar sua onipotência.

Sim, somos absolutamente escravos dessas leis. Mas nada há de humilhante nessa escravidão. A escravidão supõe um senhor exterior, um legislador que se situe fora daquele ao qual comanda; enquanto as leis não estão fora de nós, elas nos são inerentes, constituem nosso ser, todo nosso ser, corporal, intelectual e moralmente: só vivemos, só respiramos, só agimos, só pensamos, só queremos através delas. Fora delas não somos nada, *não somos*. De onde nos viria então o poder e o querer de nos revoltarmos contra elas?

Em relação às leis naturais, só há, para o homem, uma única liberdade possível: reconhecê-las e aplicá-las cada vez mais, conforme o objetivo de emancipação ou de humanização coletiva e individual que ele persegue. Essas leis, uma vez reconhecidas, exercem uma autoridade que jamais é discutida pela massa dos homens. É preciso ser, por exemplo, no fundo, um teólogo ou um economista burguês para se revoltar contra essa lei, segundo a qual dois mais dois são quatro. É preciso ter fé para pensar que não nos queimaríamos no fogo e que não nos afogaríamos na água, a menos que tenhamos recorrido a algum subterfúgio, fundado sobre qualquer outra lei natural. Mas essas revoltas, ou melhor, essas tentativas ou essas loucas fantasias de uma revolta impossível não formam mais do que uma exceção bastante rara, pois, em geral, pode-se dizer que a massa dos homens, na vida cotidiana, deixa-se governar pelo bom-senso, o que significa dizer, pela soma das leis naturais geralmente reconhecidas, de maneira mais ou menos absoluta.

A infelicidade é que grande quantidade de leis naturais, já constatadas como tais pela ciência, permanecem desconhecidas das massas populares, graças aos cuidados desses governos tutelares que só existem, como se sabe, para o bem dos povos.

Há, além disso, um grande inconveniente: é que a maior parte das leis naturais, que estão ligadas ao desenvolvimento da sociedade humana e são tão necessárias, invariáveis, quanto as leis que governam o mundo físico, não foi devidamente constatada e reconhecida pela própria ciência.[5] Uma vez tivessem elas sido reconhecidas pela ciência, e que da ciência, através de um amplo sistema de educação e de instrução popular, elas passassem à consciência de todos, a questão da liberdade estaria perfeitamente resolvida. As autoridades mais recalcitrantes devem admitir que aí então não haverá necessidade de organização, nem de direção, nem de legislação políticas, três coisas que emanam da vontade do soberano ou da votação de um parlamento eleito, pelo sufrágio universal, jamais podendo estar conformes às leis naturais, e são sempre igualmente funestas e contrárias à liberdade das massas, visto que elas lhes impõem um sistema de leis exteriores, e consequentemente despóticas.

A liberdade do homem consiste unicamente nisso: ele obedece às leis naturais porque ele próprio as reconheceu como tais, não porque elas lhe foram impostas exteriormente, por uma vontade estranha, divina ou humana, coletiva ou individual, qualquer.

Suponde uma academia de sábios, composta pelos representantes mais ilustres da ciência; imaginai que essa academia seja encarregada da legislação, da organização da sociedade, e que, inspirando-se apenas no amor da mais pura verdade, ela só dite leis absolutamente conformes às mais recentes descobertas da ciência. Pois bem, afirmo que essa legislação e essa organização serão uma monstruosidade, por duas razões: a primeira, é que a ciência humana é sempre necessariamente imperfeita, e que, comparando o que ela descobriu com o que ainda lhe resta a descobrir, pode-se dizer que está ainda em seu berço. De modo que, se quiséssemos forçar a vida prática dos homens, tanto coletiva quanto individual, a se confor-

---

[5] Bakunin fala aqui, sem dúvida, das "leis econômicas" e da "ciência social", que, com efeito, ainda está em seu começo. [N. do editor francês].

mar estritamente, exclusivamente, com os últimos dados da ciência, condenar-se-ia tanto a sociedade quanto os indivíduos a sofrer martírio sobre um leito de Procusto, que acabaria em breve por desarticulá-los e sufocá-los, ficando a vida sempre infinitamente maior do que a ciência.

A segunda razão é a seguinte: uma sociedade que obedecesse à legislação emanada de uma academia científica, não porque tivesse compreendido seu caráter racional — em cujo caso a existência da academia tornar-se-ia inútil —, mas porque essa legislação, emanando da academia, impor-se-ia em nome de uma ciência que ela veneraria sem compreendê-la, tal sociedade não seria uma sociedade de homens, mais de brutos. Seria uma segunda edição dessas missões do Paraguai, que se deixaram governar durante tanto tempo pela Companhia de Jesus. Ela não deixaria de descer, em breve, ao mais baixo grau de idiotia.

Mas há ainda uma terceira razão que tornaria tal governo impossível. É que uma academia científica, revestida dessa soberania, por assim dizer absoluta, conquanto fosse composta pelos homens mais ilustres, acabaria infalivelmente, e em pouco tempo, por se corromper moral e intelectualmente. É, hoje, com o pouco de privilégios que lhes deixam, a história de todas as academias. O maior gênio científico, no momento em que se torna acadêmico, um sábio oficial, reconhecido, decai inevitavelmente e adormece. Perde sua espontaneidade, sua ousadia revolucionária e a energia incômoda e selvagem que caracteriza a natureza dos maiores gênios, sempre chamada a destruir os mundos envelhecidos e a lançar os fundamentos dos novos mundos. Ganha sem dúvida em polidez, em sabedoria utilitária e prática, o que perde em força de pensamento. Numa palavra, corrompe-se.

É próprio do privilégio e de toda posição privilegiada matar o espírito e o coração dos homens. O homem privilegiado, política ou economicamente, é um homem depravado de espírito e de coração. Eis uma lei social que não admite nenhuma exceção e que se aplica tanto às nações inteiras quanto às classes, companhias e indivíduos. É a lei da igualdade, condição suprema da liberdade e da humanidade. O objetivo principal desse estudo é precisamente demonstrar essa verdade em todas as manifestações da vida humana.

Um corpo científico, ao qual se tivesse confiado o governo da sociedade, logo acabaria por deixar de lado a ciência, ocupando-se de outro assunto; e esse assunto, o de todos os poderes estabelecidos, seria sua eternização, tornando a sociedade confiada a seus cuidados cada vez mais estúpida e, por consequência, mais necessitada de seu governo e de sua direção.

Mas o que é verdade para as academias científicas, o é igualmente para todas as assembleias constituintes e legislativas, mesmo quando emanadas do sufrágio universal. Esse último pode renovar sua composição, é verdade, o que não impede que se forme, em alguns anos, um corpo de políticos, privilegiados de fato, não de direito, que, dedicando-se exclusivamente à direção dos assuntos públicos de um país, acabem por formar um tipo de aristocracia ou de oligarquia política. Vejam os Estados Unidos e a Suíça.

Assim, nada de legislação exterior e nada de autoridade, uma, por sinal, sendo inseparável da outra, e ambas tendendo à escravização da sociedade e ao embrutecimento dos próprios legisladores.

***

Decorre daí que rejeito toda autoridade? Longe de mim esse pensamento. Quando se trata de botas, apelo para a autoridade dos sapateiros; se se trata de uma casa, de um canal ou de uma ferrovia, consulto a autoridade do arquiteto ou a do engenheiro. Por tal ciência especial, dirijo-me a esse ou àquele cientista. Mas não deixo que me imponham nem o sapateiro, nem o arquiteto, nem o cientista. Eu os aceito livremente e com todo o respeito que merecem sua inteligência, seu caráter, seu saber, reservando todavia meu direito incontestável de crítica e de controle. Não me contento em consultar uma única autoridade especialista, consulto várias; comparo suas opiniões e escolho aquela que me parece a mais justa. Mas não reconheço nenhuma autoridade infalível, mesmo nas questões especiais; consequentemente, qualquer que seja o respeito que eu possa ter pela humanidade e pela sinceridade desse ou daquele indivíduo, não tenho fé absoluta em ninguém. Tal fé seria fatal à minha razão, à minha liberdade e ao próprio sucesso de minhas ações; ela transformar-me-ia imediatamente num escravo estúpido, num instrumento da vontade e dos interesses de outrem.

Se me inclino diante da autoridade dos especialistas, e se me declaro pronto a segui-la, numa certa medida e durante todo o tempo que isso me pareça necessário, suas indicações e mesmo sua direção, é porque essa autoridade não me é imposta por ninguém, nem pelos homens, nem por Deus. De outra forma, as rejeitaria com horror, e mandaria ao diabo seus conselhos, sua direção e seus serviços, certo de que eles me fariam pagar, pela perda de minha liberdade e de minha dignidade, as migalhas de verdade, envoltas em muitas mentiras que poderiam me dar.

Inclino-me diante da autoridade dos homens especiais porque ela me é imposta por minha própria razão. Tenho consciência de só poder abraçar, em todos os seus detalhes e seus desenvolvimentos positivos, uma parte muito pequena da ciência humana. A maior inteligência não bastaria para abraçar tudo. Daí resulta, tanto para a ciência quanto para a indústria, a necessidade da divisão e da associação do trabalho. Recebo e dou, tal é a vida humana. Cada um é dirigente e cada um é dirigido por sua vez. Assim, não há nenhuma autoridade fixa e constante, mas uma troca contínua de autoridade e de subordinação mútuas, passageiras e sobretudo voluntárias.

Essa mesma razão proíbe-me, pois, de reconhecer uma autoridade fixa, constante e universal, porque não há homem universal, homem que seja capaz de aplicar sua inteligência, nessa riqueza de detalhes sem a qual a aplicação da ciência à vida não é absolutamente possível, a todas as ciências, a todos os ramos da atividade social. E, se tal universalidade pudesse ser realizada em um único homem, e se ele quisesse se aproveitar disso para impor-nos sua autoridade, seria preciso expulsar esse homem da sociedade, visto que sua autoridade reduziria inevitavelmente todos os outros à escravidão e à imbecilidade. Não penso que a sociedade deva maltratar os gênios como ela o fez até o presente momento; mas também não acho que deva adulá-los demais, nem conceder-lhes quaisquer privilégios ou direitos exclusivos; e isso por três razões; inicialmente porque aconteceria com frequência de ela tomar um charlatão por um gênio; em seguida porque, graças a esse sistema de privilégios, ela poderia transformar um verdadeiro gênio num charlatão, desmoralizá-lo, animalizá-lo; e, enfim, porque ela daria a si um senhor.

Resumindo. Reconhecemos, pois, a autoridade absoluta da ciência porque ela tem como objeto único a reprodução mental, refletida e tão sistemática quanto possível das leis naturais inerentes à vida material, intelectual e moral, tanto do mundo físico, quanto do mundo social, sendo esses dois mundos, na realidade, um único e mesmo mundo natural. Fora dessa autoridade exclusivamente legítima, pois ela é racional e conforme à liberdade humana, declaramos todas as outras autoridades mentirosas, arbitrárias e funestas.

Reconhecemos a autoridade absoluta da ciência, mas rejeitamos a infalibilidade e a universalidade do cientista. Em nossa Igreja — que me seja permitido servir-me por um momento dessa expressão que por sinal detesto: a Igreja e o Estado são minhas duas ovelhas negras; em nossa Igreja, como na Igreja protestante, temos um chefe, um Cristo invisível, a ciência; e como os protestantes, até mais consequentes do que os protestantes, não queremos tolerar nem o papa, nem o concílio, nem os conclaves de cardeais infalíveis, nem os bispos, nem mesmo os padres. Nosso Cristo distingue-se do Cristo protestante no fato de esse último ser um Cristo pessoal, enquanto o nosso é impessoal; o Cristo cristão, já realizado num passado eterno, apresenta-se como um ser perfeito, enquanto a realização e a perfeição de nosso Cristo, a ciência, estão sempre no futuro: o que equivale a dizer que elas jamais se realizarão. Ao não reconhecer outra autoridade absoluta que não seja a da ciência absoluta, não comprometemos de forma alguma nossa liberdade.

Entendo por ciência absoluta a ciência realmente universal, que reproduziria idealmente, em toda a sua extensão e em todos os seus detalhes infinitos, o universo, o sistema ou a coordenação de todas as leis naturais, manifestas pelo desenvolvimento incessante dos mundos. É evidente que essa ciência, objeto sublime de todos os esforços do espírito humano, jamais se realizará em sua plenitude absoluta. Nosso Cristo permanecerá, pois, eternamente inacabado, o que deve enfraquecer muito o orgulho de seus representantes titulados entre nós. Contra esse Deus, filho, em nome do qual eles pretendiam impor-nos sua autoridade insolente e pedantesca, recorremos a Deus pai, que é o mundo real, a vida real, do qual ele é apenas a expressão muito imperfeita, e do qual somos os representantes imediatos; nós, seres reais, vivendo, trabalhando, combatendo, amando, aspirando, gozando e sofrendo.

Numa palavra, rejeitamos toda legislação, toda autoridade e toda influência privilegiada, titulada, oficial e legal, mesmo emanada do sufrágio universal, convencidos de que ela só poderia existir em proveito de uma minoria dominante e exploradora, contra os interesses da imensa maioria subjugada.

Eis o sentido no qual somos realmente anarquistas.

***

Os idealistas modernos entendem a autoridade de uma maneira totalmente diferente. Ainda que livres das superstições tradicionais de todas as religiões positivas existentes, eles dão, todavia, a essa ideia de autoridade, um sentido divino, absoluto. Essa autoridade não é absolutamente a de uma verdade milagrosamente revelada, nem a de uma verdade rigorosa e cientificamente demonstrada. Eles a fundam sobre um pouco de argumentação quase-filosófica, e sobre muita fé vagamente religiosa, sobre muito sentimento e abstração poética. Sua religião é como uma última tentativa de divinização de tudo o que constitui a humanidade nos homens.

É bem o contrário da obra que realizamos. Em vista da liberdade, da dignidade e da prosperidade humanas, pensamos ter de retirar do Céu os bens que ele roubou e queremos devolvê-los à Terra. Eles, ao contrário, esforçando-se em cometer um último roubo religiosamente heroico, desejariam restituir ao Céu, a esse divino ladrão, tudo o que a humanidade tem de maior, de mais belo, de mais nobre. É a vez dos livre-pensadores pilharem o Céu pela audaciosa impiedade de sua análise científica!

Os idealistas acreditam, sem dúvida, que, para gozar de maior autoridade entre os homens, as ideias e as coisas humanas devem ser revestidas de uma sanção divina. Como se manifesta essa sanção? Não por um milagre, como nas religiões positivas, mas pela grandeza ou pela própria santidade das ideias e das coisas: o que é grande, o que é belo, o que é nobre, o que é justo, é divino. Nesse novo culto religioso, todo homem que se inspira nessas ideias, nessas coisas, torna-se um padre, imediatamente consagrado pelo próprio Deus. E a prova? Não há necessidade disso; é a própria grandeza das ideias que ele exprime e das coisas que ele realiza. Elas são tão santas que só podem ter sido inspiradas por Deus.

Eis, em poucas palavras, toda a sua filosofia: filosofia de sentimentos, não de pensamentos reais, um tipo de pietismo metafísico. Isto parece inocente, mas não o é em absoluto, e a doutrina muito precisa, muito estreita e muito seca, que se esconde sob a onda inapreensível dessas formas poéticas conduz aos mesmos resultados desastrosos de todas as religiões positivas: isto é, à mais completa negação da liberdade e da dignidade humanas.

Proclamar como divino tudo o que se encontra de grande, de justo, de real, de belo, na humanidade, é reconhecer implicitamente que a humanidade, por si própria, teria sido incapaz de produzi-lo; isto significa dizer que, abandonada a si própria, sua própria natureza é miserável, iníqua, vil e feia. Eis-nos de volta à essência de toda religião, isto é, à difamação da humanidade pela maior glória da divindade. E do momento em que a inferioridade natural do homem e sua incapacidade profunda de levantar-se por si mesmo, fora de toda inspiração divina, até as ideias justas e verdadeiras, são admitidas, torna-se necessário admitir também todas as consequências teológicas, políticas e sociais das religiões positivas. No momento em que Deus, o Ser perfeito e supremo, posiciona-se em relação à humanidade, os intermediários divinos, os eleitos, os inspirados de Deus, saem da Terra para esclarecer, dirigir e governar a espécie humana em seu nome.

Não se poderia supor que todos os homens são igualmente inspirados por Deus? Nesse caso não haveria, sem dúvida alguma, necessidade de intermediários. Mas essa suposição é impossível porque os fatos a contradizem sobremaneira. Seria preciso então atribuir à inspiração divina todos os absurdos e erros que se manifestam, e todos os horrores, as torpezas, as covardias e as imbecilidades que se cometem no mundo. Só haveria, pois, poucos homens divinamente inspirados, os grandes homens da história, os *gênios virtuosos,* como dizia o ilustre cidadão e profeta italiano Giuseppe Mazzini. Imediatamente inspirados pelo próprio Deus e apoiando-se sobre o consentimento universal expressado pelo sufrágio popular, *Dio e Popolo,* são eles que seriam chamados a governar as sociedades humanas.[6]

---

[6]Em Londres, ouvi o Sr. Louis Blanc exprimir mais ou menos a mesma ideia: "A melhor forma de governo", disse-me, "seria aquela que chamaria sempre à direção os homens de gênio virtuosos".

Eis-nos de novo sob o jugo da Igreja e do Estado. É verdade que nessa nova organização, devida, como todas as organizações políticas antigas, à graça de Deus, mas apoiada dessa vez, pelo menos quanto à forma, à guisa de concessão necessária ao espírito moderno, e como nos preâmbulos dos decretos imperiais de Napoleão III, sobre a pretensa *vontade do povo*, a Igreja não se chamará mais Igreja, mas Escola. O que importa? Sobre os bancos dessa Escola não estarão sentadas somente as crianças: haverá o eterno menor, o estudante para sempre reconhecido como incapaz de apresentar-se a seus exames, de alcançar a ciência de seus mestres e de passar em sua disciplina: o povo. O Estado não se chamará mais monarquia, chamar-se-á república, mas nem por isso deixará de ser Estado, isto é, uma tutela oficial e regularmente estabelecida por uma minoria de homens competentes, *gênios, homens de talento ou de virtude,* que vigiarão e dirigirão a conduta dessa grande, incorrigível e terrível criança, o povo. Os professores da Escola e os funcionários do Estado chamar-se-ão republicanos; mas não deixarão de ser menos tutores, pastores, e o povo permanecerá o que foi eternamente até agora: um rebanho. Os tosquiados que se cuidem, pois onde há rebanho há necessariamente pastores para tosquiá-lo e comê-lo.

O povo, nesse sistema, será eterno estudante e pupilo. Apesar de sua soberania totalmente fictícia, ele continuará a servir de instrumento a pensamentos e vontades, e consequentemente também a interesses que não serão os seus. Entre essa situação e o que chamamos de liberdade, a única verdadeira liberdade, há um abismo. Será sob novas formas, a antiga opressão e a antiga escravidão; e onde há escravidão, há miséria, embrutecimento, a verdadeira *materialização* da sociedade, tanto das classes privilegiadas quanto das massas.

Divinizando as coisas humanas, os idealistas conseguem sempre o triunfo de um materialismo brutal. E isso por uma razão muito simples: esse divino evapora-se e sobe para sua pátria, o Céu, e só o brutal permanece realmente sobre a Terra.

Perguntei um dia a Mazzini que medidas seriam tomadas para a emancipação do povo tão logo sua república unitária triunfante se estabelecesse definitivamente. "A primeira medida", disse-me, "será a fundação de escolas para o povo." — E o que será ensinado ao povo nessas escolas? "Os deveres do homem, o sacrifício e a abnegação." — Mas onde ireis buscar um número suficiente de professores para ensinar essas coisas que ninguém tem o direito nem o poder de ensinar, se não se dá o exemplo? O número dos homens que encontram no sacrifício e na dedicação uma satisfação suprema não é excessivamente restrito? Aqueles que se sacrificam a serviço de uma grande ideia obedecem a uma elevada paixão, e, *satisfazendo essa paixão pessoal*, fora da qual a própria vida perde qualquer valor a seus olhos, eles pensam normalmente em qualquer coisa que não seja erigir sua ação em doutrina, enquanto aqueles que fazem da ação uma doutrina esquecem frequentemente de traduzi-la em ação, pela simples razão de que a doutrina mata a vida, mata a espontaneidade viva da ação. Os homens como Mazzini, nos quais a doutrina e a ação formam uma admirável unidade, são raras exceções. No cristianismo também houve grandes homens, santos homens, que realmente fizeram, ou que pelo menos se esforçaram apaixonadamente para fazer tudo o que diziam, e cujos corações, transbordando de amor, estavam cheios de desprezo pelos gozos e pelos bens desse mundo. Mas a imensa maioria dos padres católicos e protestantes que, por profissão, pregaram e pregam a doutrina da castidade, da abstinência e da renúncia, desmentem sua doutrina através de seu exemplo. Não é em vão, é em consequência de uma experiência de vários séculos que se formaram, entre os povos de todos os países, esses ditados: "Libertino como um padre; comilão como um padre; ambicioso como um padre; ávido, interessado e cúpido como um padre". Está constatado que os professores das virtudes cristãs, consagrados pela Igreja, os padres, *em sua imensa maioria,* fizeram exatamente o contrário daquilo que pregavam. Essa própria maioria e a universalidade desse fato provam que não se deve atribuir a culpa disso aos indivíduos, mas à posição social, impossível e contraditória em si mesma, na qual esses indivíduos estão colocados.

Há na posição do padre cristão uma dupla contradição. Inicialmente a da doutrina de abstinência e de renúncia às tendências e às necessidades positivas da natureza humana, tendências e necessidades que, em alguns casos individuais, sempre muito raros, podem ser continuamente afastadas, reprimidas e mesmo completamente eliminadas pela influência constante de alguma poderosa paixão intelectual e moral, que, em certos momentos de exaltação coletiva, podem ser esquecidas e negligenciadas, por algum tempo, por uma grande quantidade de homens ao mesmo tempo; mas que são tão profundamente inerentes à nossa natureza que acabam sempre por retomar seus direitos, de forma que, quando não são satisfeitas de maneira regular e normal, são finalmente substituídas por satisfações daninhas e monstruosas. É uma lei natural, e, por consequência, fatal, irresistível, sob a ação funesta da qual caem inevitavelmente todos os padres cristãos e especialmente os da Igreja católica romana.

Mas há uma outra contradição comum a uns e a outros. Essa contradição está ligada ao título e à própria posição do senhor. Um senhor que comanda, oprime e explora, é um personagem muito lógico e completamente natural. Mas um senhor que se sacrifica àqueles que lhe são subordinados pelo seu privilégio divino ou humano é um ser contraditório e completamente impossível. É a própria constituição da hipocrisia, tão bem personificada pelo papa que, ainda que se dizendo o *último servidor dos servidores de Deus,* e por sinal, seguindo o exemplo do Cristo, lava uma vez por ano os pés de 12 mendigos de Roma, proclama-se ao mesmo tempo vigário de Deus, senhor absoluto e infalível do mundo. É preciso que eu lembre que os padres de todas as igrejas, longe de se sacrificarem pelos rebanhos confiados a seus cuidados, sempre os sacrificaram, exploraram e mantiveram em estado de rebanho, em parte para satisfazer suas próprias paixões pessoais, em parte para servir à onipotência da Igreja? As mesmas condições, as mesmas causas produzem sempre os mesmos efeitos. Isso acontece com os professores da Escola moderna, divinamente inspirados e nomeados pelo Estado. Eles tornar-se-ão, necessariamente, uns sem o saber, os outros com pleno conhecimento de causa, os mestres da doutrina do sacrifício popular para o poderio do Estado, em proveito das classes privilegiadas.

Será preciso então eliminar da sociedade todo o ensino e abolir todas as escolas? Longe disso. É necessário distribuir a mancheias a instrução no seio das massas e transformar todas as igrejas, todos esses templos dedicados à glória de Deus e à escravização dos homens, em escolas de emancipação humana. Mas, inicialmente, esclareçamos que as escolas propriamente ditas, numa sociedade normal, fundada sobre a igualdade e sobre o respeito da liberdade humana, só deverão existir para as crianças, não para os adultos; para que se tornem escolas de emancipação e não de servilismo, será preciso eliminar, antes de tudo, essa ficção de Deus, o escravizador eterno e absoluto. Será necessário fundar toda a educação das crianças e sua instrução sobre o desenvolvimento científico da razão, não sobre o da fé; sobre o desenvolvimento da dignidade e da independência pessoais, não sobre o da piedade e da obediência; sobre o culto da verdade e da justiça e, antes de tudo, sobre o respeito humano que deve substituir, em tudo e em todos os lugares, o culto divino. O princípio da autoridade na educação das crianças constitui o ponto de partida natural: ele é legítimo, necessário, quando é aplicado às crianças na primeira infância, quando sua inteligência ainda não se desenvolveu abertamente. Mas como o desenvolvimento de todas as coisas, e por consequência da educação, implica a negação sucessiva do ponto de partida, esse princípio deve enfraquecer-se à medida que avançarem a educação e a instrução, para dar lugar à liberdade ascendente.

Toda educação racional nada mais é, no fundo, que a imolação progressiva da autoridade em proveito da liberdade, onde essa educação tem como objetivo final formar homens livres, cheios de respeito e de amor pela liberdade alheia. Assim, o primeiro dia da vida escolar, se a escola aceita as crianças na primeira infância, quando elas mal começam a balbuciar algumas palavras, deve ser o de maior autoridade e de uma ausência quase completa de liberdade; mas seu último dia deve ser o de maior liberdade e de abolição absoluta de qualquer vestígio do princípio animal ou divino da autoridade.

O princípio de autoridade, aplicado aos homens que ultrapassaram ou atingiram a maioridade, torna-se uma monstruosidade, uma negação flagrante da humanidade, uma fonte de escravidão e de depravação intelectual e moral. Infelizmente os governos paternalistas deixaram as massas populares estagnarem-se em tão profunda ignorância, que será necessário fundar escolas não somente para as crianças do povo, mas também para o próprio povo. Dessas escolas, deverão ser absolutamente eliminadas as menores aplicações ou manifestações do princípio de autoridade. Não serão mais escolas; serão academias populares, nas quais não se poderá mais tratar nem de estudantes, nem de mestres, onde o povo virá livremente ter, se assim achar necessário, um ensinamento livre, nas quais, rico de sua experiência, ele poderá ensinar por sua vez muitas coisas aos professores que lhe trarão conhecimentos que ele não tem. Será pois um ensinamento mútuo, um ato de fraternidade intelectual entre a juventude instruída e o povo.

A verdadeira escola para o povo e para todos os homens feitos é a vida. A única autoridade onipotente, simultaneamente natural e racional, a única que poderemos respeitar, será aquela do espírito coletivo e público de uma sociedade fundada no respeito mútuo de todos os seus membros. Sim, eis uma autoridade que não é, de forma alguma, divina, mas inteiramente humana, e diante da qual nós nos inclinaremos de coração, certos de que, longe de subjugar os homens, ela os emancipará. Ela será mil vezes mais poderosa, estejais certos, do que todas as vossas autoridades divinas, teológicas, metafísicas, políticas e jurídicas, instituídas pela Igreja e pelo Estado; mais poderosa que vossos códigos criminais, vossos carcereiros e carrascos.

A força do sentimento coletivo ou do espírito público já é muito séria hoje. Os homens com maior tendência a cometer crimes raramente ousam desafiá-la, enfrentá-la abertamente. Eles procurarão enganá-la, mas evitarão ofendê-la, a menos que se sintam apoiados por uma minoria qualquer. Nenhum homem, por mais poderoso que se imagine, jamais terá força para suportar o desprezo unânime da sociedade; ninguém poderia viver sem sentir-se apoiado pelo consentimento e pela estima, ao menos por uma certa parte dessa sociedade. É preciso que um homem seja levado por uma imensa e bem sincera convicção, para que encontre coragem de opinar e de marchar contra todos, e nunca um homem egoísta, depravado e covarde terá essa coragem.

Nada prova melhor do que esse fato a solidariedade natural e fatal que une todos os homens. Cada um de nós pode constatar essa lei, todos os dias, sobre si mesmo e sobre todos os homens que ele conhece. Todavia, se essa força social existe, por que ela não foi suficiente, até hoje, para moralizar e humanizar os homens? Simplesmente porque, até o presente, essa força não foi, ela própria, humanizada; não foi humanizada porque a vida social, da qual ela é sempre a fiel expressão, está fundada, como se sabe, sobre o culto divino, não sobre o respeito humano; sobre a autoridade, não sobre a liberdade; sobre o privilégio, não sobre a igualdade; sobre a exploração, não sobre a fraternidade dos homens; sobre a iniquidade e a mentira, não sobre a justiça e a verdade. Por consequência, sua ação real, sempre em contradição com as teorias humanitárias que ela professa, exerceu constantemente uma influência funesta e depravadora. Ela não oprime pelos vícios e crimes: ela os cria. Sua autoridade é consequentemente uma autoridade divina, anti-humana, sua influência é malfazeja e funesta. Quereis torná-la benfazeja e humana? Fazei a revolução social. Fazei com que todas as necessidades tornem-se realmente solidárias, que os interesses materiais e sociais de cada um tornem-se iguais aos deveres humanos de cada um. E, para isso, só há um meio: destruí todas as instituições da desigualdade; estabelecei a igualdade econômica e social de todos, e, sobre essa base, elevar-se-á a liberdade, a moralidade, a humanidade solidária de todos.

***

Sim, o idealismo, em teoria, tem por consequência necessária o materialismo mais brutal na prática; sem dúvida, não entre aqueles que o pregam de boa fé — o resultado habitual, para esses, é de ver todos os seus esforços atingidos pela esterilidade —, mas entre aqueles que se esforçam para realizar seus preceitos na vida, em meio a toda a sociedade, enquanto ela se deixar dominar pelas doutrinas idealistas.

Para demonstrar esse fato geral, que pode parecer estranho à primeira vista, mas que se explica naturalmente quando refletimos um pouco mais, não faltam as provas históricas.

Comparai as duas últimas civilizações do mundo antigo: a civilização grega e a civilização romana. Qual delas é a mais materialista, a mais natural em seu ponto de partida e a mais humanamente ideal em seus resultados? Sem dúvida, a civilização grega. Qual delas é, ao contrário, a mais abstratamente ideal em seu ponto de partida, sacrificando a liberdade material do homem à liberdade ideal do cidadão, representada pela abstração do direito jurídico, e o desenvolvimento natural da sociedade humana à abstração do Estado, e qual delas tornou-se, todavia, a mais brutal em suas consequências? A civilização romana, certamente. É verdade que a civilização grega, como todas as civilizações antigas, inclusive a de Roma, foi exclusivamente nacional, e teve por base a escravidão. No entanto, apesar desses dois imensos defeitos, a primeira nem por isso deixou de conceber e realizar a ideia da humanidade; ela enobreceu e realmente idealizou a vida dos homens; ela transformou os rebanhos humanos em livres associações de homens livres; ela criou pela liberdade, as ciências, as artes, uma poesia, uma filosofia imortal e as primeiras noções do respeito humano. Com a liberdade política e social, ela criou o livre pensamento.

No fim da Idade Média, na época da Renascença, bastou que os gregos emigrados introduzissem alguns desses livros imortais na Itália para que a vida, a liberdade, o pensamento, a humanidade, enterrados no sombrio calabouço do catolicismo, fossem ressuscitados. A emancipação humana, eis o nome da civilização grega. E o nome da civilização romana? É a conquista, com todas as suas consequências brutais. Sua última palavra? A onipotência dos Césares. É o envilecimento e a escravidão das nações e dos homens.

Ainda hoje, o que é que mata, o que é que esmaga brutalmente, materialmente, em todos os países da Europa, a liberdade e a humanidade? É o triunfo do princípio cesáreo ou romano.

Compararei agora duas civilizações modernas: a civilização italiana e a civilização alemã. A primeira representa, sem dúvida, em sua característica geral, o materialismo; a segunda representa, ao contrário, tudo o que há de mais abstrato, de mais puro e de mais transcendente no que concerne ao idealismo. Vejamos quais são os frutos práticos de uma e de outra.

A Itália já prestou imensos serviços à causa da emancipação humana. Ela foi a primeira que ressuscitou e que aplicou amplamente o princípio da liberdade na Europa, que devolveu à humanidade seus títulos de nobreza: a indústria, o comércio, a poesia, as artes, as ciências positivas e o livre pensamento. Esmagada depois de três séculos de despotismo imperial e papal, arrastada na lama por sua burguesia governante, ela reaparece hoje, é verdade, bem abatida em comparação ao que foi, e, contudo, como difere da Alemanha! Na Itália, apesar dessa decadência — passageira, esperemo-lo — pode-se viver e respirar humanamente, cercado de um povo que parece ter nascido para a liberdade. A Itália, mesmo burguesa, pode mostrar-vos com orgulho homens como Mazzini e Garibaldi.

Na Alemanha, respira-se a atmosfera de uma imensa escravidão política e social, filosoficamente explicada e aceita por um grande povo, com uma resignação e uma boa vontade refletidas. Seus heróis — falo sempre da Alemanha atual, não da Alemanha do futuro, da Alemanha nobiliária, burocrática, política e burguesa, não da Alemanha proletária — são totalmente o oposto de Mazzini e Garibaldi: são, hoje, Guilherme I, o feroz e ingênuo representante do Deus protestante, são os Srs. Bismarck e Von Moltke, os generais Manteuffel e Werler. Em todas as suas relações internacionais, a Alemanha, desde que existe, foi lenta e sistematicamente invasora, conquistadora, sempre pronta a estender sobre os povos vizinhos seu próprio servilismo voluntário; e desde que ela constituiu-se em potência unitária, tornou-se uma ameaça, um perigo para a liberdade de toda a Europa. Hoje, a Alemanha é o servilismo brutal e triunfante.

Para mostrar como o idealismo teórico transforma-se incessante e fatalmente em materialismo prático, basta citar o exemplo de todas as igrejas cristãs e, naturalmente, antes de tudo, o da Igreja apostólica e romana. No sentido ideal, o que há de mais sublime, de mais desinteressado, de mais desprendido em todos os interesses dessa Terra, do que a doutrina do Cristo pregada por essa Igreja? E o que há de mais brutalmente materialista que a prática constante dessa mesma Igreja, desde o século VIII, quando começou a constituir-se como poder? Qual foi e qual é ainda o objeto principal de todos os seus litígios contra os soberanos da Europa? Seus bens temporais, seus ganhos de início, e em seguida seu poder temporal, seus privilégios políticos.

É preciso fazer-lhe essa justiça, pois ela foi a primeira a descobrir, na história moderna, essa verdade incontestável, mas muito pouco cristã, que a riqueza e o poder, a exploração econômica e a opressão política das massas são os dois termos inseparáveis do reino do idealismo divino sobre a Terra: a riqueza consolidando e aumentando o poder, o poder descobrindo e criando sempre novas fontes de riqueza, e ambos assegurando, melhor do que o martírio e a fé dos apóstolos, melhor do que a graça divina, o sucesso da propaganda cristã. É uma verdade histórica, e as igrejas, ou melhor, as seitas protestantes também não a desconhecem. Falo naturalmente das igrejas independentes da Inglaterra, da América e da Suíça, não das igrejas servis da Alemanha. Essas não têm nenhuma iniciativa própria; elas fazem aquilo que seus senhores, seus soberanos temporais, que são ao mesmo tempo seus chefes espirituais, ordenam-lhes fazer. Sabe-se que a propaganda protestante, a da Inglaterra e a da América sobretudo, liga-se de maneira muito estreita à propaganda dos interesses materiais e comerciais dessas duas grandes nações; sabe-se também que essa última propaganda não tem absolutamente por objeto o enriquecimento e a propriedade materialdos países nos quais ela penetra em companhia da palavra de Deus, mas a exploração desses países, à vista do enriquecimento e da prosperidade material de certas classes, que, em seu próprio país, só visam à exploração e à pilhagem.

Numa palavra, não é nada difícil provar, com a história na mão, que a Igreja, que todas as igrejas, cristãs e não cristãs, ao lado de sua propaganda espiritualista, provavelmente para acelerar e consolidar seu sucesso, jamais negligenciaram a organização de grandes companhias para a exploração econômica das massas, sob a proteção e a bênção direta e especial de uma divindade qualquer; que todos os Estados que, em sua origem, como se sabe, nada mais foram, com todas as suas instituições políticas e jurídicas e suas classes dominantes e privilegiadas, senão sucursais temporais dessas diversas igrejas, só tiveram igualmente por objeto principal essa mesma exploração em proveito das minorias laicas, indiretamente legitimadas pela Igreja; enfim, que em geral a ação do bom Deus e de todas as fantasias divinas sobre a Terra finalmente resultou, sempre e em todos os lugares, na fundação do materialismo próspero do pequeno número sobre o idealismo fanático e constantemente faminto das massas.

O que vemos hoje é uma nova prova disso. À exceção desses grandes corações e desses grandes espíritos enganados que citei mais acima, quem são hoje os defensores mais obstinados do idealismo? Inicialmente são todas as cortes soberanas. Na França, foram Napoleão III e sua esposa, Madame Eugénie; são todos os seus antigos ministros, cortesãos e ex-marechais, desde Rouher e Bazaine até Fleury e Piétri; são os homens e as mulheres do mundo oficial imperial, que tão bem idealizaram e salvaram a França. São seus jornalistas e seus sábios: os Cassagnac, os Girardin, os Duvernois, os Veuillot, os Leverrier, os Dumas... É enfim a negra falange dos jesuítas e das jesuítas de todos os tipos de hábito; é a alta e média burguesia da França. São os doutrinários liberais e os liberais sem doutrina: os Guizot, os Thiers, os Jules Favre, os Pelletan e os Jules Simon, todos os defensores aguerridos da exploração burguesa. Na Prússia, na Alemanha, é Guilherme I, o rei demonstrador atual do bom Deus sobre a Terra; são todos os seus generais, todos os seus oficiais pomeranianos e outros, todo o seu exército que, forte em sua fé religiosa, acaba de conquistar a França da maneira ideal que se sabe. Na Rússia, é o czar e toda a sua corte; são os Muraviev e os Berg, todos os degoladores e os religiosos conversores da Polônia. Em todos os lugares, numa palavra, o idealismo religioso filosófico, um desses qualificativos sendo apenas a tradução mais ou menos livre do outro, serve hoje de bandeira à força sanguinária e brutal, à exploração material descarada; enquanto, ao contrário, a bandeira do materialismo teórico, a bandeira vermelha da igualdade econômica e da justiça social, é agitada pelo idealismo prático das massas oprimidas e famintas, tendendo a realizar a liberdade maior e o direito humano de cada um na fraternidade de todos os homens sobre a Terra.

Quem são os verdadeiros idealistas, não os idealistas da abstração, mas da vida; não do Céu, mas da Terra; e quem são os materialistas?

***

É evidente que o idealismo teórico ou divino tem como condição essencial o sacrifício da lógica, da razão humana e a renúncia à ciência. Vê-se, por outro lado, que defendendo as doutrinas ideais, é-se forçosamente levado ao partido dos opressores e dos exploradores das massas populares. Eis duas grandes razões que, segundo parece, bastariam para afastar do idealismo todo grande espírito, todo grande coração. Como é possível que nossos ilustres idealistas contemporâneos, aos quais, certamente, não faltam nem o espírito, nem o coração, nem a boa vontade, e que devotaram toda sua existência a serviço da humanidade, como é possível que eles obstinem-se em permanecer entre os representantes de uma doutrina doravante condenada e desonrada?

É preciso que eles sejam levados a isso por uma razão muito forte. Não pode ser nem a lógica nem a ciência, visto que a lógica e a ciência pronunciaram seu veredito contra a doutrina idealista. Não podem ser também interesses pessoais, pois esses homens estão infinitamente erguidos acima de tudo o que carrega esse nome. Só pode ser então uma forte razão moral. Qual? Só pode haver uma. Esses homens ilustres pensam, sem dúvida, que as teorias ou as crenças ideais são essencialmente necessárias à dignidade e à grandeza moral do homem, e que as teorias materialistas, ao contrário, rebaixam-no ao nível dos animais.

— E se o oposto fosse verdadeiro?

Todo desenvolvimento, já disse, implica a negação do ponto de partida. A base, ou o ponto de partida, segundo a escola materialista, sendo material, a negação deve ser necessariamente ideal. Partindo da totalidade do mundo real, ou daquilo que se chama abstratamente de costume, ela chega logicamente à idealização real, isto é, à humanização, à emancipação plena e inteira da sociedade. Todavia, e pela mesma razão, sendo o ideal a base e o ponto de partida da escola idealista, ela chega forçosamente à materialização da sociedade, à organização de um despotismo brutal e de uma exploração iníqua e ignóbil, sob a forma da Igreja e do Estado. O desenvolvimento histórico do homem, segundo a escola materialista, é uma ascensão progressiva; no sistema idealista ele só pode ser uma queda contínua.

Qualquer que seja a questão humana que se queira considerar, encontra-se sempre essa mesma contradição essencial entre as duas escolas. Assim, como já fiz observar, o materialismo parte da animalidade para constituir a humanidade; o idealismo parte da divindade para constituir a escravidão e condenar as massas a uma animalidade sem saída. O materialismo nega o livre-arbítrio e resulta na constituição da liberdade; o idealismo, em nome da dignidade humana, proclama o livre-arbítrio, e, sobre as ruínas da liberdade, funda a autoridade. O materialismo rejeita o princípio de autoridade porque ele o considera, com razão, como o corolário da animalidade, e que, ao contrário, o triunfo da humanidade, objetivo e sentido principal da história, só é realizável pela liberdade. Numa palavra, vós encontrareis sempre os idealistas em flagrante delito de materialismo prático, enquanto vereis os materialistas buscarem e realizarem as aspirações, os pensamentos mais amplamente ideais.

A história, no sistema dos idealistas, como já disse, não pode ser senão uma queda contínua. Eles começam por uma queda terrível da qual jamais se levantam: pelo *salto mortale* das regiões sublimes da ideia pura, absoluta, à matéria. E em que matéria! Não nessa matéria eternamente ativa e móvel, cheia de propriedades e de forças, de vida e de inteligência, tal como ela apresenta-se a nós, no mundo real; mas na matéria abstrata, empobrecida e reduzida à miséria absoluta, tal como a concebem os teólogos e os metafísicos, que lhe roubaram tudo para dar a seu imperador, a seu Deus; nessa matéria que, privada de qualquer ação e de qualquer movimento próprios, só representa, em oposição à ideia divina, a estupidez, a impenetrabilidade, a inércia e a imobilidade absolutas.

A queda é tão terrível que a divindade, a pessoa ou a ideia divina avilta-se, perde sua consciência, perde a consciência de si mesma e nunca mais se reencontra. E nessa situação desesperada é ainda forçada a fazer milagres! Isto porque, do momento em que a matéria é inerte, todo movimento que se produz no mundo, mesmo o mais material, é um milagre; outra coisa não pode ser senão o efeito de uma intervenção providencial, da ação de Deus sobre a matéria. E eis que essa pobre divindade, quase anulada por sua queda, permanece alguns milhares de séculos nesse sono, em seguida desperta lentamente, esforçando-se em vão para recuperar alguma vaga lembrança dela mesma, e cada movimento que faz com essa finalidade, na matéria, torna-se uma criação, uma formação nova, um novo milagre. Dessa maneira, ultrapassa todos os níveis da materialidade e da bestialidade; de início gás, corpo químico simples ou composto, mineral, ela espalha-se em seguida sobre a Terra como organização vegetal e animal, depois se concentra no homem. Aqui, ela parece haver se reencontrado, pois acende no ser humano uma chama angélica, uma parcela de seu próprio ser divino, a alma imortal.

Como ela pode conseguir alojar uma coisa absolutamente imaterial numa coisa absolutamente material? Como o corpo pode conter, encerrar, limitar, paralisar o espírito puro? Eis mais uma dessas questões que só a fé, essa afirmação apaixonada e estúpida do absurdo, pode resolver. É o maior dos milagres. Aqui, nada temos a fazer senão constatar os efeitos, as consequências práticas desse milagre.

Após milhares de séculos de vãos esforços para retornar a ela mesma, a divindade, perdida e espalhada na matéria que ela anima e que põe em movimento, encontra um ponto de apoio, uma espécie de local para seu próprio recolhimento. É o homem, é sua alma imortal aprisionada singularmente num corpo mortal. Mas cada homem, considerado individualmente, é infinitamente restrito, muito pequeno para englobar a imensidão divina; ele só pode conter uma pequena parcela, imortal como o todo, mas infinitamente menor que o todo. Resulta disso que o Ser divino, o Ser absolutamente imaterial, o Espírito, é divisível como a matéria. Eis ainda um mistério cuja solução é preciso deixar à fé.

Se Deus, por inteiro, pudesse alojar-se em cada homem, então cada homem seria Deus. Teríamos uma grande quantidade de Deuses, cada um achando-se limitado pelos outros, mas nem por isso menos infinito, contradição que implicaria necessariamente a destruição mútua dos homens, a impossibilidade de que existisse mais do que um. Quanto às parcelas, é outra coisa; nada de mais racional, com efeito, que uma parcela seja limitada por outra, e que ela seja menor do que o todo. Aqui se apresenta outra contradição. Ser maior e menor são dois atributos da matéria, não do espírito, tal como o compreendem os idealistas. Segundo os materialistas, é verdade, o espírito outra coisa não é senão o funcionamento do organismo totalmente material do homem, e a grandeza ou a pequenez do espírito depende da maior ou menor perfeição material do organismo humano. Mas esses mesmos atributos de limitação e de grandeza relativas não podem ser atribuídos ao espírito, tal como o compreendem os idealistas, ao espírito absolutamente imaterial, ao espírito existindo fora de qualquer matéria. Lá não pode haver nem maior, nem menor, nem qualquer limite entre os espíritos, pois só há um único espírito: Deus. Se acrescentarmos que as parcelas infinitamente pequenas e limitadas que constituem as almas humanas são ao mesmo tempo imortais, evidenciar-se-á o cúmulo da contradição. Mas é uma questão de fé. Deixemos isso de lado.

Eis pois a divindade destroçada e alojada por infinitas pequenas partes, numa imensa quantidade de seres de todos os sexos, de todas as idades, de todas as raças e de todas as cores. Eis aí uma situação excessivamente incômoda e infeliz, pois as parcelas divinas reconhecem-se tão pouco no início de sua existência humana, que começam por entredevorar-se. Todavia, no meio desse estado de barbárie e de brutalidade totalmente animal, essas parcelas divinas, as almas humanas, conservam como que uma vaga lembrança de sua divindade primitiva, e são invencivelmente arrastadas rumo a seu todo; elas se procuram, elas o procuram. É a própria divindade, espalhada e perdida no mundo material, que se procura nos homens, e está de tal forma embrutecida por essa multidão de prisões humanas, nas quais se acha espalhada, que, ao se procurar, comete loucuras sobre loucuras.

Começando pelo fetichismo, ela se procura e adora a si mesma, ora numa pedra, ora num pedaço de pau, ora num esfregão. É até mesmo muito provável que jamais tivesse saído do esfregão se *a outra* divindade, que não se deixou diminuir na matéria, e se conservou no estado de espírito puro, nas alturas sublimes do ideal absoluto, ou nas regiões celestes, não tivesse tido piedade dela.

Eis um novo mistério. É o da divindade que se cinde em duas metades, mas ambas igualmente infinitas, e das quais uma — Deus pai — conserva-se nas puras regiões imateriais; a outra — Deus filho — deixa-se enfraquecer na matéria. Nós iremos ver, daqui a pouco, estabelecerem-se relações contínuas de cima para baixo e de baixo para se cima entre essas duas divindades, separadas uma da outra; e essas relações, consideradas como um único ato eterno e constante, constituirão o Espírito Santo. Tal é, em seu verdadeiro sentido teológico e metafísico, o grande, o terrível mistério da Trindade cristã.

Mas deixemos, rapidamente, essas alturas e vejamos o que se passa sobre a Terra.

Deus pai, vendo, do alto de seu esplendor eterno, que o pobre Deus filho, humilhado, atordoado por sua queda, mergulhou e perdeu-se de tal forma na matéria, que, preso ao estado humano, não consegue reencontrar-se, decide socorrê-lo. Entre essa imensa quantidade de parcelas simultaneamente imortais, divinas e infinitamente pequenas, nas quais Deus filho disseminou-se a ponto de não poder reconhecer-se, Deus pai escolhe aquelas que mais lhe aprazem; ele toma seus inspirados, seus profetas, seus gênios virtuosos, os grandes benfeitores e legisladores da humanidade: Zoroastro, Buda, Moisés, Confúcio, Licurgo, Sólon, Sócrates, o divino Platão, e sobretudo Jesus Cristo, a completa realização de Deus filho, enfim recolhido e concentrado numa pessoa humana; todos os apóstolos, São Pedro, São Paulo e São João, Constantino, o Grande, Maomé, depois Gregório VII, Carlos Magno, Dante, segundo uns, Lutero também, Voltaire e Rousseau, Robespierre e Danton, e muitos outros grandes e santos personagens, dos quais é impossível recapitular todos os nomes, mas entre os quais, como russo, peço para não se esquecerem de São Nicolau.

***

Eis que chegamos à manifestação de Deus sobre a Terra. Mas tão logo Deus aparece, o homem aniquila-se. Dir-se-á que não se aniquila, visto ser ele próprio uma parcela de Deus. Perdão! Admito que a parcela de um todo determinado, limitado, por menor que seja essa parte, seja uma quantidade, uma grandeza positiva. Mas uma parcela do infinitamente grande, comparada com ele, é infinitamente pequena. Multiplicai bilhões de bilhões por bilhões de bilhões, seu produto, em comparação ao infinitamente grande, será infinitamente pequeno, e o infinitamente pequeno é igual a zero. Deus é tudo, por conseguinte o homem e todo o mundo real com ele, o universo, nada são. Vós não escapareis disto.

Deus aparece, o homem aniquila-se; e quanto maior torna-se a divindade, mais a humanidade torna-se miserável. Essa é a história de todas as religiões; esse é o efeito de todas as inspirações e de todas as legislações divinas. Na história, o nome de Deus é a terrível clava com a qual os homens diversamente inspirados, os grandes gênios, abateram a liberdade, a dignidade, a razão e a prosperidade dos homens.

Tivemos inicialmente a queda de Deus. Temos agora uma queda que nos interessa mais, a do homem, causada pelo aparecimento da manifestação de Deus sobre a Terra.

Vede em que erro profundo encontram-se nossos caros e ilustres idealistas. Ao nos falarem de Deus, eles creem, eles querem educar-nos, emancipar-nos, enobrecer-nos e, ao contrário, eles esmagam-nos e aviltam-nos. Com o nome de Deus, imaginam poder estabelecer a fraternidade entre os homens, e, ao contrário, criam o orgulho, o desprezo; semeiam a discórdia, o ódio, a guerra; fundam a escravidão. Isto porque, com

Deus, vêm os diferentes graus de inspiração divina; a humanidade divide-se em homens muito inspirados, menos inspirados, não inspirados. Todos são igualmente nulos diante de Deus, é verdade; mas comparados uns aos outros, uns são maiores do que os outros; não somente pelo fato, o que não seria nada, visto que uma desigualdade de fato perde-se por si mesma na coletividade, quando ela não pode agarrar-se a nenhuma ficção ou instituição legal; mas pelo direito divino da inspiração: o que constitui logo em seguida uma desigualdade fixa, constante, petrificada. Os mais inspirados *devem* ser escutados e obedecidos pelos *menos* inspirados, pelos não inspirados. Eis o princípio da autoridade bem estabelecido, e com ele as duas instituições fundamentais da *escravidão*: a Igreja e o Estado.

***

De todos os despotismos, o dos doutrinadores ou dos inspirados religiosos é o pior. Eles são tão ciumentos da glória de seu Deus e do triunfo de sua ideia que não lhes resta mais coração, nem pela liberdade, nem pela dignidade, nem mesmo pelos sofrimentos dos homens vivos, homens reais. O zelo divino, a preocupação com a ideia acabam por dissecar, nas almas mais delicadas, nos corações mais compassivos, as fontes do amor humano. Considerando tudo o que é, tudo o que se faz no mundo, do ponto de vista da eternidade ou da ideia abstrata, eles tratam com desdém as coisas passageiras; mas toda a vida dos homens reais, dos homens em carne e osso, só é composta de coisas passageiras; eles próprios nada mais são do que seres que passam, e que, uma vez passados, são substituídos por outros, também passageiros, mas que não retornam jamais. O que há de permanente ou de relativamente eterno é a humanidade, que se desenvolve constantemente, de geração em geração. Digo *relativamente* eterno porque, uma vez destruído nosso planeta — e ele não pode deixar de perecer cedo ou tarde, pois tudo que começa tem necessariamente um fim —, uma vez nosso planeta decomposto — para servir sem dúvida alguma de elemento a alguma nova formação no sistema do universo, o único realmente eterno —, quem pode saber o que acontecerá com todo o nosso desenvolvimento humano? Todavia, como o momento dessa dissolução encontra-se imensamente afastado de nós, podemos considerar, em relação à vida humana tão curta, a humanidade eterna. Mas esse fato de a humanidade ser progressiva só é real e vivo por suas manifestações em tempos determinados, em lugares determinados, em homens realmente vivos, e não em sua ideia geral.

***

A ideia geral é sempre uma abstração e, por isso mesmo, de alguma forma, uma negação da vida real. A ciência só pode compreender e denominar os fatos reais em seu sentido geral, em suas relações, em suas leis; numa palavra, o que é permanente em suas informações contínuas, mas jamais seu lado material, individual, por assim dizer, palpitante de realidade e de vida, e por isso mesmo fugitivo e inapreensível. A ciência compreende o pensamento da realidade, não a realidade em si mesma; o pensamento da vida, não a vida. Eis seu limite, o único limite verdadeiramente intransponível para ela, porque ela está fundada sobre a própria natureza do pensamento, que é o único órgão da ciência.

Sobre essa natureza fundam-se os direitos incontestáveis e a grande missão da ciência, mas também sua impotência vital e mesmo sua ação malfazeja, todas as vezes que, por seus representantes oficiais, nomeados, ela arroga-se o direito de governar a vida. A missão da ciência é constatar as relações gerais das coisas passageiras e reais: reconhecendo as leis gerais que são inerentes ao desenvolvimento dos fenômenos do mundo físico e do mundo social, ela assenta, por assim dizer, as balizas imutáveis da marcha progressiva da humanidade, indicando as condições gerais, cuja observação rigorosa e necessária e cuja ignorância ou esquecimento será sempre fatal. Numa palavra, a ciência é a bússola da vida; mas não é a vida. A ciência é imutável, impessoal, geral, abstrata, insensível, como as leis das quais ela nada mais é do que a reprodução ideal, refletida ou mental, isto é, cerebral (para lembrar-nos de que a ciência nada mais é do que um produto material de um órgão material, o *cérebro*). A vida é fugidia e passageira, mas também palpitante de realidade, individualidade, sensibilidade, sofrimentos, alegrias, aspirações, necessidades e paixões. É somente ela que, espontaneamente, cria as coisas e os seres reais. A ciência nada cria, ela constata e reconhece somente as criações da vida. E todas as vezes que os homens de ciência, saindo de seu mundo abstrato, envolvem-se com a criação viva, no mundo real, tudo o que eles propõem ou tudo o que eles criam é pobre, ridiculamente abstrato, privado de sangue e vida, natimorto, igual ao *homunculus* criado por Wagner, o discípulo pedante do imortal Dr. Fausto. Disso resulta que a ciência tem por missão única iluminar a vida, e não governá-la.

O governo da ciência e dos homens de ciência, ainda que fossem positivistas, discípulos de Auguste Comte, ou ainda discípulos da escola doutrinária do comunismo alemão, não poderia ser outra coisa senão um governo impotente, ridículo, desumano, cruel, opressivo, explorador, malfazejo. Pode-se dizer dos homens de ciência, *como tais,* o que digo dos teólogos e metafísicos: eles não têm nem sentido, nem coração para os seres individuais e vivos. Não se pode sequer fazer-lhes uma censura, pois é a consequência natural de sua profissão. Enquanto homens de ciência, eles só podem interessar-se pelas generalidades, pelas leis absolutas, e não a levar em conta outra coisa.

A individualidade real e viva só é perceptível para uma outra individualidade viva, não para uma individualidade pensante, não para o homem que, por uma série de abstrações, põe-se fora e acima do contato imediato da vida; ela pode existir para eles somente como um exemplar mais ou menos perfeito da espécie, isto é, uma abstração determinada. Se é um coelho, por exemplo, quanto mais bonito for o espécimen, mais o cientista o dissecará com felicidade, na esperança de poder fazer sair dessa própria destruição a natureza geral, a lei da espécie.

Se ninguém se opusesse a isso, não existiria, mesmo em nossos dias, um número de fanáticos capazes de fazer as mesmas experiências com o homem? E se, todavia, os cientistas naturalistas não dissecam o homem vivo, não é a ciência, são os protestos todo-poderosos da vida que os fazem parar. Ainda que eles passem estudando três quartos de sua existência, e que, na atual organização, formem um tipo de mundo à parte — o que prejudica simultaneamente a saúde de seu coração e a de seu espírito —, eles não são exclusivamente homens da ciência, mas são também, mais ou menos, homens da vida.

Todavia, não se deve confiar nisso. Se se pode estar mais ou menos seguro de que um cientista não ousaria tratar um homem, hoje, como trata um coelho, resta sempre a temer que o corpo de cientistas submeta os homens vivos a experiências científicas, sem dúvida interessantes, mas que seriam não menos desagradáveis para suas vítimas. Se não podem fazer experiências com o corpo dos indivíduos, eles não pedirão nada mais do que fazê-las com o corpo social, e eis o que é precioso absolutamente impedir.

Em sua organização atual, monopolizando a ciência e permanecendo, assim, fora da vida social, os cientistas formam uma casta à parte, oferecendo muita analogia com a casta dos padres. A abstração científica é seu Deus, as individualidades são suas vítimas e eles são seus sacrificadores nomeados.

A ciência não pode sair da esfera das abstrações. Em relação a isso, ela é muito inferior à arte, que, ela também, está ligada a tipos e situações gerais, mas que os encarna por um artifício que lhe é próprio. Sem dúvida, essas formas da arte não são a vida, mas não deixam de provocar em nossa imaginação a lembrança e o sentimento da vida; a arte individualiza, sob uma certa forma, os tipos e as situações que concebe; por meio de individualidades sem carne e osso, e, consequentemente, permanentes e imortais, que têm o poder de criar, ela nos faz lembrar das individualidades vivas, reais, que aparecem e desaparecem sob nossos olhos. A arte é, pois, sob uma certa forma, o retorno da abstração à vida. A ciência é, ao contrário, a imolação perpétua da vida, fugitiva, passageira, mas real, sob o altar das eternas abstrações.

A ciência é tão pouco capaz de compreender a individualidade de um homem quanto a de um coelho. Não é que ela ignore o princípio da individualidade; ela a concebe perfeitamente como princípio, mas não como fato. Ela sabe muito bem que todas as espécies animais, inclusive a espécie humana, só possuem existência real em um número indefinido de indivíduos, nascendo e morrendo para dar lugar a novos indivíduos, igualmente fugidios. Ela sabe que, elevando-se das espécies animais às espécies superiores, o princípio da individualidade determina-se mais; os indivíduos aparecem mais completos e mais livres. Ela sabe que o homem, o último e o mais perfeito animal dessa Terra, apresenta a individualidade mais completa e mais notável por causa de sua faculdade de conceber, concretizar, personificar, de um certo modo, em sua existência social e privada, a lei universal. Ela sabe, enfim, quando não está viciada pelo doutrinarismo teológico ou metafísico, político ou jurídico, ou mesmo por um estreito orgulho, quando ela não é surda aos instintos e às aspirações da vida, ela sabe, e essa é sua última palavra, que o respeito ao homem é a lei suprema da humanidade, e que o grande, o verdadeiro objetivo da história, o único legítimo, é a humanização e a emancipação, é a liberdade real, a prosperidade de cada indivíduo vivo na sociedade. A menos que se recaia nas ficções liberticidas do bem público representado pelo Estado, ficções fundadas sempre sobre a imolação sistemática do povo, deve-se reconhecer que a liberdade e a prosperidade coletivas só existem sob a condição de representar a soma das liberdades e das prosperidades individuais.

A ciência sabe de todas essas coisas, mas ela não vai e não pode ir além. A abstração, constituindo sua própria natureza, pode conceber bem o princípio da individualidade real e viva, mas não pode ter nada a fazer com os indivíduos reais e vivos. Ela ocupa-se dos indivíduos em geral, mas não de Pierre ou de Jacques, não de tal ou qual, que não existem, que não podem existir para ela. Seus indivíduos são, uma vez mais, apenas abstrações.

Todavia, não são individualidades abstratas, são os indivíduos agindo e vivendo que fazem a história. As abstrações só caminham conduzidas por homens reais. Para esses seres formados, não apenas em ideia, mas em realidade, de carne e de sangue, a ciência não tem coração. Ela os considera quando muito como *carne para desenvolvimento intelectual e social*. O que lhe fazem as condições particulares e o destino fortuito de Pierre ou Jacques? Ela tornar-se-ia ridícula, ela abdicaria, ela aniquilar-se-ia se quisesse ocupar-se disso de outra forma que não a habitual, em apoio de suas teorias eternas. E seria ridículo censurá-la, pois ela obedece a suas leis. Ela não pode compreender o concreto; ela só pode mover-se em abstrações. Sua missão é ocupar-se da situação e das condições gerais da existência e do desenvolvimento, seja da espécie humana em geral, seja de tal raça, de tal povo, de tal classe ou categoria de indivíduos, das causas gerais de sua prosperidade, de sua decadência e dos meios gerais, bons para fazê-los progredir de todas as maneiras. Desde que ela realize ampla e racionalmente essa tarefa, ela terá feito todo seu dever e seria realmente injusto pedir-lhe mais.

Mas seria igualmente ridículo, seria desastroso confiar-lhe uma missão que ela é incapaz de realizar, visto que sua própria natureza força-a a ignorar a existência e o destino de Pierre e de Jacques. Ela continuaria a ignorá-los, mas seus representantes nomeados, homens em nada abstratos, mas ao contrário, muito vivos, possuindo interesses muito reais, cedendo à influência perniciosa que o privilégio exerce fatalmente sobre os homens, acabariam por esfolar os outros homens em nome da ciência, como os esfolaram até agora os padres, os políticos de todas as cores e os advogados, em nome de Deus, do Estado, do direito jurídico.

O que prego é, até certo ponto, a *revolta da vida contra a ciência,* ou melhor, contra o *governo da ciência,* não para destruir a ciência — seria um crime de lesa-humanidade —, mas para recolocá-la em seu lugar, de maneira que ela não possa jamais sair de novo. Até o presente momento, toda a história humana nada mais foi senão uma imolação perpétua e sangrenta de milhões de pobres seres humanos a uma abstração impiedosa qualquer: Deus, pátria, poder do Estado, honra nacional, direitos históricos, liberdade política, bem público. Tal foi, até agora, o movimento natural, espontâneo e fatal das sociedades humanas. Nada podemos fazer para mudar isso; devemos suportá-lo em relação ao passado, como suportamos todas as fatalidades atuais. Deve-se acreditar que essa era a única via possível para a educação da espécie humana. Não devemos nos enganar: mesmo procurando informar amplamente sobre os artifícios maquiavélicos das classes governamentais, devemos reconhecer que nenhuma minoria teria sido bastante poderosa para impor todos esses horríveis sacrifícios às massas, se não tivesse havido, nelas mesmas, um movimento vertiginoso, espontâneo, levando-as a se sacrificarem sempre, ora a uma, ora a outra dessas abstrações devoradoras que, vampiros da história, sempre se nutriram de sangue humano.

Que os teólogos, os políticos e os juristas achem isso muito bom, nós os compreendemos. Sacerdotes dessas abstrações, eles vivem apenas dessa contínua imolação das massas populares. Que a metafísica dê a isso também seu consentimento, não deve surpreender-nos também. Ela não possui outra missão senão a de legitimar e de racionar, tanto quanto for possível, o que é iníquo e absurdo. Mas o que se deve deplorar é o fato de a ciência positiva ter mostrado as mesmas tendências. Ela o fez por duas razões: inicialmente porque, constituída fora da vida, ela é representada por um corpo privilegiado, e, em seguida, porque ela própria colocou-se até aqui como objetivo absoluto e último de todo desenvolvimento humano. Por uma crítica judiciosa, que ela pode e que em última instância se verá forçada a exercer contra si mesma, ela deveria ter compreendido que, ao contrário, ela é somente um meio para a realização de um objetivo bem mais elevado: o da completa humanização de todos os indivíduos que nascem, vivem e morrem na Terra.

A imensa vantagem da ciência positiva sobre a teologia, a metafísica, a política e o direito jurídico consiste no seguinte: no lugar das abstrações enganosas e funestas, pregadas por essas doutrinas, ela apresenta abstrações verdadeiras que exprimem a natureza geral e a lógica das coisas, as relações e as leis gerais de seu desenvolvimento. Eis o que lhe assegurará sempre uma grande posição na sociedade. Ela constituirá, de alguma forma, sua consciência coletiva; mas há um lado pelo qual ela se parece com todas as doutrinas anteriores: possuindo e só podendo ter por objetivo abstrações, ela é forçada por sua natureza a ignorar os homens reais, fora dos quais as abstrações mais verdadeiras não têm nenhuma existência. Para remediar esse defeito radical, a ciência do futuro deverá proceder de outra forma, diferente das doutrinas do passado. Essas últimas prevaleceram-se da ignorância das massas para sacrificá-las, com volúpia, às suas abstrações, por sinal sempre muito lucrativas para aqueles que as representam em carne e osso. A ciência positiva, reconhecendo sua incapacidade absoluta de conceber os indivíduos reais e de interessar-se por seu destino, deve definitiva e absolutamente renunciar ao governo das sociedades, pois se ela imiscuir-se, não poderá fazer outra coisa senão sacrificar sempre os homens vivos que ela ignora às abstrações de que faz o único objeto de suas legítimas preocupações.

A verdadeira ciência da história ainda não existe; quando muito começa-se a entrever, hoje, as condições extremamente complicadas. Mas suponhamo-la definitivamente feita, o que ela poderá nos dar? Ela restabelecerá o quadro fiel e refletido do desenvolvimento natural das condições gerais, materiais e ideais, econômicas, políticas e sociais, religiosas, filosóficas, estéticas e científicas das sociedades que tiveram uma história. Mas esse quadro universal da civilização humana, por mais detalhado que seja, jamais poderá conter senão apreciações gerais e, por consequência, *abstratas*. Os bilhões de indivíduos que forneceram a matéria viva e sofredora dessa história, ao mesmo tempo triunfante e lúgubre — triunfante pela imensa hecatombe de vítimas humanas "esmagadas sob sua carruagem"—, esses bilhões de obscuros indivíduos, sem os quais nenhum dos grandes resultados abstratos da história teria sido obtido — e que, notemo-lo bem, jamais se beneficiaram com qualquer desses resultados —, não encontrarão sequer o mínimo lugar em nossos anais. Eles viveram e foram sacrificados pelo bem da humanidade abstrata; eis tudo!

Será preciso censurar a ciência da história? Seria injusto e ridículo. Os indivíduos são inapreensíveis pelo pensamento, pela reflexão, até mesmo pela palavra humana, que só é capaz de exprimir abstrações; eles são inapreensíveis, no presente, tanto quanto no passado. Assim, a própria ciência social, a ciência do futuro, continuará forçosamente a ignorá-los. Tudo o que temos direito de exigir dela é que nos indique, com mão fiel e segura, as *causas gerais dos sofrimentos individuais,* e, entre essas causas, ela sem dúvida não esquecerá a imolação e a subordinação ainda muito frequentes, infelizmente, dos indivíduos vivos às generalidades abstratas; e, ao mesmo tempo, mostrar-nos-á as *condições gerais necessárias à emancipação real dos indivíduos vivendo na sociedade*. Eis sua missão; eis também seus limites, para além dos quais a ação da ciência social só poderá ser impotente e funesta. Fora desses limites começam as pretensões doutrinárias e governamentais de seus representantes nomeados, de seus padres. É tempo de acabar com esses pontífices, ainda que se dessem o nome de democratas-socialistas.

Mais uma vez, a única missão da ciência é iluminar o caminho. No entanto, liberta de todos os seus entraves governamentais e doutrinários, e devolvida à plenitude de sua ação, somente a vida pode criar.

***

Como resolver essa antinomia?

De um lado, a ciência é indispensável à organização racional da sociedade, de outro, é incapaz de interessar-se pelo que é real e vivo.

Essa contradição só pode ser resolvida de um único modo: é preciso que a ciência não permaneça mais fora da vida de todos, tendo por representante um corpo de cientistas diplomados; é necessário que ela fundamente-se e dissemine-se nas massas. A ciência, chamada doravante a representar a consciência coletiva da sociedade, deve de fato tornar-se propriedade de todo mundo. Assim, sem nada perder de seu caráter universal, do qual jamais poderá desviar-se sob pena de cessar de ser ciência, e continuando a ocupar-se exclusivamente das causas gerais, das condições e das relações fixas dos indivíduos e das coisas, ela fundir-se-á à vida imediata e real de todos os indivíduos. Será um movimento análogo àquele que fez dizer aos pregadores, quando do início da reforma religiosa, que não havia mais necessidade de padres para um homem que se tornará, dali em diante, seu próprio padre, graças à intervenção invisível do senhor Jesus Cristo, tendo conseguido finalmente engolir seu bom Deus.

Mas não se trata aqui nem de Jesus Cristo, nem de bom Deus, nem de liberdade política, nem de direito jurídico; todas coisas teológicas ou metafisicamente reveladas, e todas igualmente indigestas. O mundo das abstrações científicas não é revelado; ele é inerente ao mundo real, do qual nada mais é do que a expressão e a representação geral ou abstrata. Sem que forme uma região separada, representada especialmente pelo corpo dos cientistas, esse mundo ideal ameaça-nos tomar, em relação ao mundo real, o lugar do bom Deus, reservando a seus representantes nomeados o ofício de padres. É por isso que é preciso dissolver a organização especial dos homens de ciência pela instrução geral, igual para todos e para todas, a fim de que as massas, cessando de ser rebanhos conduzidos e tosquiados por padres privilegiados, possam controlar a direção de seus destinos.[7]

Mas enquanto as massas não tiverem chegado a esse grau de instrução, será necessário que elas deixem-se governar pelos homens da ciência? Certamente que não. Seria melhor para elas absterem-se de ciência do que se deixarem governar por homens de ciência. O governo desses homens teria, como primeira consequência, tornar a ci-

---

[7] A ciência, tornando-se o patrimônio de todo mundo, desposará, de certo modo, a vida imediata e real de cada um. Ela ganhará em utilidade e em graça o que tiver perdido em orgulho, em ambição e em pedantismo doutrinário. Isto não impedirá, sem dúvida, que homens geniais, mais bem organizados para as investigações científicas do que a maioria de seus contemporâneos, dediquem-se exclusivamente à cultura das ciências e prestem grandes serviços à humanidade. Todavia, eles não poderão ambicionar outra influência social senão a influência natural exercida sobre seu meio por toda a inteligência superior, nem outra recompensa que não seja a satisfação de uma nobre preparação.

ência inacessível ao povo, porque as instituições atuais da ciência são essencialmente aristocráticas. A aristocracia de homens de ciência! Do ponto de vista prático, a mais implacável, e do ponto de vista social, a mais vaidosa e a mais insultante; tal seria o poder constituído em nome da ciência. Esse regime seria capaz de paralisar a vida e o movimento da sociedade. Os homens de ciência, sempre presunçosos, sempre autossuficientes e sempre impotentes, gostariam de imiscuir-se em tudo, e as fontes da vida dissecariam-se sob seu sopro de abstrações.

Mais uma vez: a vida, não a ciência, cria a vida; somente a ação espontânea do povo pode criar a liberdade. Sem dúvida, será bastante feliz que a ciência possa, a partir de agora, iluminar a marcha do povo para a sua emancipação. Mas, é melhor a ausência de luz do que uma luz trêmula e incerta, servindo apenas para extraviar aqueles que a seguem. Não é em vão que o povo percorreu uma longa carreira histórica e que pagou seus erros por séculos de miséria. O resumo prático de suas dolorosas experiências constitui um tipo de ciência tradicional, que, sob certos pontos de vista, tem o mesmo valor da ciência teórica. Enfim, uma parte da juventude, aqueles dentre os burgueses estudiosos que sentirão bastante ódio contra a mentira, a hipocrisia, a injustiça e a covardia da burguesia, por encontrar em si próprios a coragem de virar-lhe as costas e bastante paixão para abraçar sem reservas a causa justa e humana do proletariado, esses serão, como já disse, os instrutores fraternos do povo; graças a eles ninguém precisará do governo dos homens de ciência.

Se o povo deve evitar o governo dos homens de ciência, com maior razão deve precaver-se contra o dos idealistas inspirados.

Quanto mais sinceros são os crentes e os padres, mais eles tornam-se perigosos. A abstração científica, já disse, é uma abstração racional, verdadeira em sua essência, necessária à vida, da qual é a representação teórica, ou se preferirem, a consciência. Ela pode, ela deve ser absorvida e dirigida pela vida. A abstração idealista, Deus, é um veneno corrosivo que destrói e decompõe a vida, que a deturpa e a mata. O orgulho dos homens de ciência, nada mais sendo do que uma arrogância pessoal, pode ser dobrado e quebrado. O orgulho dos idealistas, não sendo em nada pessoal, mas divino, é irascível e implacável: ele pode, ele deve morrer, mas jamais cederá, e enquanto restar-lhe um sopro de vida, tentará subjugar os homens a seu Deus; é assim que os tenentes da Prússia, os idealistas práticos da Alemanha, gostariam de ver esmagar o povo sob a bota e a espora de seu imperador. É a mesma lei, e o objetivo não é nada diferente. O resultado da lei é sempre a escravidão; é, ao mesmo tempo, o triunfo do materialismo mais feio e mais brutal: não há necessidade de demonstrá-lo para a Alemanha; seria preciso ser cego para não vê-lo.

***

O homem, como toda natureza viva, é um ser completamente material. O espírito, a faculdade de pensar, de receber e de refletir as diferentes sensações exteriores e interiores, de lembrar-se delas quando passaram, e de reproduzi-las pela imaginação, compará-las e distingui-las, abstrair as determinações comuns e criar assim noções gerais, enfim, formar as ideias agrupando e combinando as noções segundo maneiras diferentes, numa palavra, a inteligência, única criadora de todo o nosso mundo ideal, é uma propriedade do corpo animal e, especialmente, do organismo cerebral.

Sabemo-lo de maneira certa, pela experiência de todos, que nenhum fato jamais desmentiu e que todo homem pode verificar a cada instante de sua vida. Em todos os animais, sem excetuar as espécies complementares inferiores, encontramos um certo grau de inteligência, e vemos que, na série das espécies, a inteligência animal desenvolve-se, ainda mais quando a organização de uma espécie aproxima-se daquela do homem; porém, somente no homem ela alcança esse poder de abstração que constitui propriamente o pensamento.

A experiência universal[8], que é a única origem, a fonte de todos os nossos conhecimentos, demonstra-nos que toda inteligência está sempre ligada a um corpo animal qualquer, e que a intensidade e o poder dessa função animal dependem da perfeição relativa do organismo. Esse resultado da experiência universal não é somente aplicável às diferentes espécies animais; nós o constatamos igualmente nos homens, cuja potência intelectual e moral depende, de forma tão evidente, da maior ou menor perfeição de seu organismo como raça, como nação, como classe e como indivíduos; não é necessário insistir sobre esse ponto.[9]

---

[8] É preciso distinguir a experiência universal, sobre a qual os idealistas querem apoiar suas crenças; a primeira é uma constatação real de fatos, a segunda nada mais é do que uma suposição de fatos que ninguém viu e que, por consequência, estão em contradição com a experiência de todo o mundo.

[9] Os idealistas, todos os que creem na imaterialidade e na imortalidade da alma humana, devem estar excessivamente embaraçados com a diferença que existe entre as inteligências das raças, dos povos e dos indivíduos. A menos que se suponha que as diversas parcelas foram irregularmente distribuídas, como explicar essa diferença? Existe infelizmente um número considerável de homens completamente estúpidos, parvos até o idiotismo. Teriam eles, pois, recebido na divisão uma parcela ao mesmo tempo divina e estúpida? Para sair desse embaraço, os idealistas deveriam necessariamente supor que todas as almas humanas são iguais, mas que as prisões nas quais

Por outro lado, é certo que nenhum homem tenha visto ou podido ver alguma vez o espírito puro desprendido de toda forma material, existindo separadamente de um corpo animal qualquer. Todavia, se ninguém o viu, como foi que os homens puderam chegar a crer em sua existência? O fato dessa crença é certo e, senão universal, como dizem todos os idealistas, pelo menos muito geral, e como tal é inteiramente digno de nossa extrema atenção. Uma crença geral, por mais estúpida que seja, exerce uma influência muito poderosa sobre o destino dos homens, para que possa ser permitido ignorá-la ou dela fazer abstração.

Essa crença explica-se, por sinal, de uma maneira racional. O exemplo que nos oferecem as crianças e os adolescentes, até mesmo muitos homens que ultrapassaram em vários anos a maioridade, prova-nos que o homem

elas encontram-se necessariamente fechadas, os corpos humanos, são desiguais, uns mais capazes que outros, para servir de órgão à intelectualidade pura da alma. Essa teria à sua disposição, desse modo, órgãos muito finos; aquelas, órgãos muito grosseiros. Mas essas são distinções de que o idealismo não tem o direito de se servir, sem cair, ele próprio, na inconsequência e no materialismo mais grosseiro. Isto porque, na absoluta imaterialidade da alma, todas as diferenças corporais desaparecem, tudo o que é corporal, material, deve aparecer como indiferente, igual, absolutamente grosseiro. O abismo que separa a alma do corpo, a absoluta imaterialidade da materialidade absoluta, é infinito. Por consequência, todas as diferenças, inexplicáveis por sinal, e logicamente impossíveis, que poderiam existir do outro lado do abismo, na matéria, devem ser, para a alma, nulos, e não podem nem devem exercer sobre ela nenhuma influência. Numa palavra, o absolutamente imaterial não pode ser forçado, aprisionado e ainda menos exprimido em qualquer grau que seja pelo absolutamente material. De todas as imaginações grosseiras e materialistas, no sentido ligado a essa palavra pelos idealistas, quer dizer, brutais, que foram engendradas pela ignorância e pela estupidez primitiva dos homens, a de uma alma imaterial, aprisionada num corpo material, é certamente a mais grosseira, a mais estúpida, e nada melhor prova a onipotência, exercida até mesmo sobre os melhores espíritos, por preconceitos antigos, do que ver homens dotados de grande inteligência falarem ainda dessa extravagante união.

pode exercer por muito tempo suas faculdades mentais antes de perceber a maneira como as exerce. Nesse período do funcionamento do espírito, inconsciente de si mesmo, dessa ação da inteligência ingênua ou crédula, o homem, obsedado pelo mundo exterior, levado por esse aguilhão interior que se chama vida e as suas múltiplas necessidades, cria uma quantidade de imaginações, noções e ideias necessariamente muito imperfeitas no início, muito pouco conformes à realidade das coisas e dos fatos que elas esforçam-se por exprimir. Ainda não tendo consciência de sua própria ação inteligente, ainda não sabendo que ele próprio produziu e continua a produzir essas imaginações, essas noções, essas ideias, ignorando sua origem totalmente *subjetiva,* isto é humana, ele deve naturalmente considerá-las como seres *objetivos,* como seres reais totalmente independentes de si, existindo por eles e neles mesmos.

Foi assim que os povos primitivos, emergindo lentamente de sua inocência animal, criaram seus deuses. Tendo-os criado, sem suspeitar que foram seus únicos criadores, eles os adoraram; considerando-os como seres reais, infinitamente superiores a si próprios, atribuíram-lhes a onipotência e reconheceram-se suas criaturas, seus escravos. A medida que as ideias humanas desenvolvem-se, os deuses, que nunca foram outra coisa senão revelação fantástica, ideal, poética da imagem invertida, idealizam-se também. Inicialmente fetiches grosseiros, eles tornam-se, pouco a pouco, espíritos puros, existindo fora do mundo visível, e, enfim, no transcurso da história, eles acabam por confundir-se num único Ser divino: espírito puro, eterno, absoluto, criador e senhor dos mundos.

Em todo desenvolvimento legítimo ou falso, real ou imaginário, coletivo ou individual, é sempre o primeiro passo que custa, o primeiro ato é o mais difícil. Uma vez ultrapassada a dificuldade, o resto desenvolve-se naturalmente, como uma consequência necessária.

O que era difícil no desenvolvimento histórico dessa terrível loucura religiosa, que continua a obsedar-nos, era apresentar um mundo divino tal e qual, exterior ao mundo real. Esse primeiro ato de loucura, tão natural do ponto de vista fisiológico, e por consequência necessário na história da humanidade, não se realizou de uma só vez. Foram necessários não sei quantos séculos para desenvolver e para fazer penetrar essa crença nos hábitos sociais dos homens. Mas, uma vez estabelecida, ela tornou-se todo-poderosa, como se torna necessariamente a loucura, ao apoderar-se do cérebro do homem. Tomai um louco, qualquer que seja o objeto de sua loucura, e vereis que a ideia obscura e fixa que o obseda parece-lhe a mais natural do mundo, e que, ao contrário, as coisas da realidade que estão em contradição com essa ideia, parecem-lhe loucuras ridículas e odiosas. Bem, a religião é uma loucura coletiva, tanto mais poderosa por ser tradicional e porque sua origem perde-se na antiguidade mais remota. Como loucura coletiva, ela penetrou até o fundo da existência pública e privada dos povos; encarnou-se na sociedade, tornou-se, por assim dizer, sua alma e seu pensamento. Todo homem é envolvido por ela desde o seu nascimento; ele a suga com o leite de sua mãe, absorve-a de tudo o que toca, de tudo o que vê. Ele foi, por ela, tão bem nutrido, envenenado, penetrado em todo o seu ser que, mais tarde, por poderoso que seja seu espírito natural, precisa fazer esforços espantosos para livrar-se dela, e ainda assim não o consegue de uma maneira completa. Nossos idealistas modernos são uma prova disso e nossos materialistas doutrinários, os conservadores alemães, são outra. Eles não souberam desfazer-se da religião do Estado.

Uma vez bem estabelecido o mundo sobrenatural, o mundo divino, na imaginação dos povos, o desenvolvimento dos diferentes sistemas religiosos seguiu seu curso natural e lógico, todavia conformando-se com o desenvolvimento contemporâneo das relações econômicas e políticas, das quais ele foi, em todos os tempos, no mundo da fantasia religiosa, a reprodução fiel e a consagração divina. Foi assim que a loucura coletiva e histórica que se chama religião desenvolveu-se desde o fetichismo, passando por todos os graus, do politeísmo ao monoteísmo cristão.

O segundo passo no desenvolvimento das crenças religiosas, sem dúvida o mais difícil, após o estabelecimento de um mundo divino separado, foi precisamente a transição do politeísmo ao monoteísmo, do materialismo religioso dos pagãos à fé espiritualista dos cristãos. Os deuses pagãos — e aí está seu caráter principal — eram, antes de tudo, deuses exclusivamente nacionais. Muito numerosos, eles conservaram necessariamente um caráter mais ou menos material, ou melhor, porque eram materiais é que foram tão numerosos, sendo a diversidade um dos principais atributos do mundo real. Os deuses pagãos não eram propriamente a negação das coisas reais; eles nada mais eram do que seu exagero fantástico.

Vimos o quanto essa transição custou ao povo judeu, do qual ela constituiu, por assim dizer, toda a história. Moisés e os profetas tentaram por todos os meios fazer a pregação do Deus único, mas o povo recaía sempre em sua primeira idolatria, a antiga fé, muito mais natural, com vários bons deuses materiais, humanos, palpáveis. O próprio Jeová, seu Deus único, o Deus de Moisés e dos profetas, ainda era um Deus extremamente nacional, servindo-se, para recompensar e para punir seus fiéis, seu povo eleito, somente de argumentos materiais, frequentemente estúpidos, sempre grosseiros e ferozes. Não parece sequer que a fé em sua existência tenha implicado a negação da existência dos deuses primitivos. O Deus judeu não negava a existência de seus rivais; somente não queria que seu povo os adorasse ao lado de si.

Jeová era um Deus ciumento. Seu primeiro mandamento foi o seguinte: "Eu sou teu Deus e não adorarás outros deuses além de mim".

Jeová, portanto, foi apenas um primeiro esboço material e muito grosseiro do idealismo moderno. Ele nada mais era, por sinal, que um Deus nacional, como o Deus eslavo a que adoram os generais, súditos submissos e pacientes do imperador de todas as Rússias, como o Deus alemão que proclamam os pietistas, e os generais alemães súditos de Guilherme I, em Berlim. O Ser supremo não pode ser um Deus nacional, ele deve sê-lo de toda a humanidade. O Ser supremo não pode ser também um ser material, ele deve ser a negação de toda a matéria, o espírito puro. Para a realização do culto do Ser supremo foram necessárias duas coisas: primeira, uma realização igual à humanidade pela negação das nacionalidades e dos cultos nacionais; segunda, um desenvolvimento já muito avançado das ideias metafísicas para espiritualizar o Jeová tão grosseiro dos judeus.

A primeira condição foi preenchida pelos romanos, de uma maneira sem dúvida muito negativa: pela conquista da maioria dos países conhecidos dos antigos, e pela destruição de suas instituições nacionais. Graças a eles, o altar de um Deus único e supremo pôde estabelecer-se sobre as ruínas de outros milhares de altares. Os deuses de todas as nações vencidas, reunidas no Panteão, anularam-se mutuamente.

Quanto à segunda condição, a espiritualização de Jeová, ela foi realizada pelos gregos, bem antes da conquista de seu país pelos romanos. A Grécia, em seu fim histórico, já havia recebido do Oriente um mundo divino que fora definitivamente estabelecido na fé tradicional de seus povos. Nesse período de instinto, anterior à sua história política, ela o tinha desenvolvido e prodigiosamente humanizado por seus poetas, e quando ela começou verdadeiramente sua história, já possuía uma religião inteiramente pronta, a mais simpática e a mais nobre de todas as religiões que já existiram, pelo menos tanto quanto uma religião, isto é, uma mentira pode ser nobre e simpática. Seus grandes pensadores — e nenhum povo teve pensadores maiores do que a Grécia — encontraram o mundo divino estabelecido, não apenas fora deles próprios, no povo, mas também neles mesmos, como hábito de sentir e pensar, e naturalmente eles o tomaram como ponto de partida. Já foi muito bom que eles nada fizessem de teologia, quer dizer, que eles não se aborrecessem em reconciliar a razão nascente com os absurdos desse ou daquele Deus, como o fizeram, na Idade Média, os escolásticos. Eles deixaram os deuses fora de suas especulações e ligaram-se diretamente à ideia divina, una, invisível, todo-poderosa, eterna, absolutamente espiritualista e não pessoal. Os metafísicos gregos foram, portanto, muito mais que os judeus, os criadores de um Deus cristão. Os judeus apenas acrescentaram a ele a brutal personalidade de seu Jeová.

Que um gênio sublime, como o divino Platão, tenha podido estar absolutamente convencido da realidade da ideia divina, isso nos demonstra o quanto é contagiosa, o quanto é todo-poderosa a tradição da loucura religiosa, mesmo sobre os maiores espíritos. Por sinal, não devemos surpreender-nos com isso, pois mesmo nos dias de hoje, o maior gênio filosófico desde Aristóteles e Platão, que é Hegel, esforçou-se para repor em seu trono transcendente ou celeste as ideias divinas, das quais Kant havia demolido a objetividade por uma crítica infelizmente imperfeita e muito metafísica. É verdade que Hegel portou-se de maneira tão indelicada em sua obra de restauração que matou definitivamente o bom Deus. Retirou dessas ideias seu caráter divino ao demonstrar, a quem quiser lê-lo, que elas jamais foram outra coisa senão uma criação do espírito humano, correndo à procura de si próprio através da história. Para pôr fim a todas as loucuras religiosas e à miragem divina, só lhe faltou pronunciar essa grande frase dita depois, quase ao mesmo tempo, por dois grandes espíritos, e sem que nunca tivessem ouvido falar um do outro: Ludwig Feuerbach, o discípulo e o demolidor de Hegel, e Auguste Comte, o fundador da filosofia política na França. A frase é: "A metafísica reduz-se à psicologia". Todos os sistemas de metafísica nada mais são do que a psicologia humana desenvolvendo-se na história.

Agora não nos é mais difícil compreender como nasceram as ideias divinas, como foram criadas pela faculdade abstrativa do homem. Mas na época de Platão, esse conhecimento era impossível. O espírito coletivo, e por consequência também o espírito individual, mesmo o do maior gênio, não estava maduro para isto. Mal pôde ser dito com Sócrates: "Conhece-te a ti mesmo". Esse conhecimento de si próprio existia apenas em estado de abstração; na realidade, era nulo. Era impossível que o espírito humano desconfiasse que era o único criador do mundo divino. Ele o encontrou diante de si, encontrou-o como história, como sentimento, com hábito de pensar, e fez dele necessariamente o objeto de suas mais elevadas especulações. Foi assim que nasceu a metafísica e que as ideias divinas, base do espiritualismo, foram desenvolvidas e aperfeiçoadas.

É verdade que, depois de Platão, existiu no desenvolvimento do espírito como que um movimento inverso. Aristóteles, o verdadeiro pai da ciência e da filosofia positiva, não negou absolutamente o mundo divino, mas ocupou-se disso o mínimo possível. Estudou primeiramente, como um analista e um experimentador que era, a lógica, as leis do pensamento humano, e, ao mesmo tempo, o mundo físico, não em sua essência ideal, ilusória, mas sob seu aspecto real. Depois dele, os gregos de Alexandria fundaram a primeira escola das ciências positivas. Eles foram ateus. Mas seu ateísmo permaneceu sem influência sobre seus contemporâneos. A ciência tendeu cada vez mais a isolar-se da vida. Quanto à negação das ideias divinas, pronunciada pelos epicuristas e pelos céticos, ela não teve nenhuma ação sobre as massas.

Uma outra escola, infinitamente mais influente, formou-se em Alexandria. Foi a escola dos neoplatônicos. Esses, confundindo numa mescla impura as imaginações monstruosas do Oriente com as ideias de Platão, foram os verdadeiros preparadores e, mais tarde, os elaboradores dos dogmas cristãos.

Assim, o egoísmo pessoal e grosseiro de Jeová, a dominação não menos brutal e grosseira dos romanos, e a especulação metafísica ideal dos gregos, materializada pelo contato com o Oriente, tais foram os três elementos históricos que constituíram a religião espiritualista dos cristãos.

Um Deus que se elevava, pois, acima das diferenças nacionais de todos os países, que era de certa forma a negação direta, devia ser necessariamente um ser imaterial e abstrato. Mas já o dissemos, a fé tão difícil na existência de um semelhante ser não pôde nascer de uma só vez. Assim, também, ela foi longamente preparada e desenvolvida pela metafísica grega, que, de início, estabeleceu, de maneira filosófica, a noção da *ideia divina,* modelo eternamente reproduzido pelo mundo visível. Mas a divindade concebida e criada pela filosofia grega era uma divindade pessoal. Nenhuma metafísica consequentemente séria, podendo elevar-se, ou melhor, rebaixar-se à ideia de um Deus pessoal, precisou imaginar um Deus que fosse único e três ao mesmo tempo. Ele encontrou-se na pessoa brutal, egoísta e cruel de Jeová, o Deus nacional dos judeus. Todavia, os judeus, apesar desse espírito nacional exclusivo que os distingue ainda hoje, tornaram-se, de fato, bem antes do nascimento de Cristo, o povo mais internacional do mundo. Arrastados em parte como cativos, contudo, muito mais ainda, levados por essa paixão mercantil que constitui um dos traços principais de seu caráter, eles disseminaram-se em todos os países, levando com eles o culto de seu Jeová, ao qual permaneciam tanto mais fiéis quanto mais ele os abandonava.

Em Alexandria, o Deus terrível dos judeus travou conhecimento pessoal com a divindade metafísica de Platão, já muito corrompida pelo contato com o Oriente, e a corrompeu ainda mais pelo seu. Apesar de seu exclusivismo nacional, ciumento e feroz, não pôde, com o tempo, resistir às graças dessa divindade ideal e impessoal dos gregos. Desposou-a, e, desse casamento, nasceu o Deus espiritualista, mas não espiritual dos cristãos. Os neoplatônicos de Alexandria foram os principais criadores da teologia cristã.

Entretanto, a teologia ainda não constitui a religião, assim como os elementos históricos não bastam para criar a história. Denomino elementos históricos as condições gerais de um desenvolvimento real qualquer, por exemplo, a conquista do mundo pelos romanos e o encontro do Deus dos judeus com a divindade ideal dos gregos. Para fecundar os elementos históricos, para fazê-los percorrer uma série de transformações, foi necessário um fato vivo, espontâneo, sem o qual teriam podido permanecer muitos séculos ainda em estado de elementos improdutivos. Esse fato não faltou ao cristianismo; foi a propaganda, o martírio e a morte de Jesus Cristo.

Não sabemos quase nada desse personagem, tudo o que nos contam os evangelhos é tão contraditório e fabuloso que mal podemos extrair alguns traços reais e vivos. O certo é que foi o pregador do povo pobre, o amigo, o consolador dos miseráveis, dos ignorantes, dos escravos e das mulheres, e que foi muito amado por essas últimas. Prometeu a vida eterna a todos aqueles que sofrem aqui em baixo, e o número desses é imenso. Foi crucificado, como era de se esperar, pelos representantes da moral oficial e da ordem pública da época. Seus discípulos e os discípulos desses últimos puderam espalhar-se, graças à conquista romana e à destruição das barreiras nacionais, e propagaram o Evangelho em todos os países conhecidos dos antigos. Em todos os lugares foram recebidos de braços abertos pelos escravos e pelas mulheres, as duas classes mais oprimidas, mais sofredoras e naturalmente mais ignorantes do mundo antigo. Se fizeram alguns prosélitos no mundo privilegiado e letrado, devem isso, em grande parte, à influência das mulheres. Sua propaganda mais ampla exerceu-se quase exclusivamente no povo infeliz, embrutecido pela escravidão. Foi a primeira importante revolta do proletariado.

A grande honra do cristianismo, seu mérito incontestável e todo o segredo de seu triunfo inaudito, e por sinal totalmente legítimo, foi o de ter-se dirigido a esse público sofredor e imenso, ao qual o mundo antigo impunha uma servidão intelectual e política estreita e feroz, negando--lhe inclusive os direitos mais simples da humanidade. De outra forma ele jamais teria podido disseminar-se. A doutrina que ensinavam os apóstolos do Cristo, por mais consoladora que tenha parecido aos infelizes, era muito revoltante, muito absurda do ponto de vista da razão humana, para que homens esclarecidos tivessem podido aceitá-la. Com que alegria também o apóstolo Paulo fala do *"escândalo da fé"* e do triunfo dessa *divina loucura* rejeitada pelos poderosos e pelos sábios do século, mas tanto mais apaixonadamente aceita pelos simples, pelos ignorantes e pelos pobres de espírito!

Com efeito, seria preciso um descontentamento bem profundo da vida, uma grande sede no coração e uma pobreza quase absoluta de pensamento para aceitar o absurdo cristão, o mais monstruoso de todos os absurdos.

Não era somente a negação de todas as instituições políticas, sociais e religiosas da antiguidade; era a inversão absoluta de senso comum, de toda a razão humana. O ser vivo e o mundo real eram considerados dali em diante como o nada; enquanto que, para além das coisas existentes, mesmo para além das ideias de espaço e de tempo, o produto final da faculdade abstrativa do homem repousa na contemplação de seu vazio e de sua imobilidade absoluta, essa abstração, esse *caput mortuum,* absolutamente vazio de toda utilidade, o verdadeiro nada, Deus, proclamado o único ser real, eterno, todo-poderoso. O todo real é declarado nulo, e o nulo absoluto, o todo. A sombra torna-se o corpo e o corpo desvanece-se como uma sombra.[10]

Era de uma audácia e de um absurdo sem nome, o verdadeiro escândalo da fé para as massas; era o triunfo da insensatez crente sobre o espírito e, para alguns, a ironia de um espírito fatigado, corrompido, desiludido e enfadado pela busca honesta e séria da verdade; era a necessidade de aturdir-se e de embrutecer-se, necessidade que se encontra com frequência entre os espíritos insensibilizados: *"Credo quia absurdum"*.

Não acredito somente no absurdo; acredito nele precisamente e sobretudo porque ele é absurdo. É assim que muitos espíritos distintos e esclarecidos acreditam, nos dias de hoje, no magnetismo animal, no espiritismo, nas mesas que giram — e por que ir tão longe? —, creem ainda no cristianismo, no idealismo, em Deus.

A crença do proletariado antigo, tanto quanto a do proletariado moderno, era robusta e simples. A propaganda cristã havia dirigido-se a seu coração, não a seu espírito, às suas aspirações eternas, às suas necessidades, aos seus sofrimentos, à sua escravização, não à sua razão, que ainda dormia, e para a qual, consequentemente, as contradições lógicas, a evidência do absoluto, não podiam existir. A única questão que o interessava era saber quando chegaria a hora da libertação prometida, quando

---

[10] Sei muito bem que nos sistemas teológicos e metafísicos orientais, e sobretudo nos da Índia, inclusive o budismo, encontra-se já o princípio do aniquilamento do mundo real em proveito do ideal e da abstração absoluta. Mas ele ainda não traz o caráter de negação voluntária e refletida que distingue o cristianismo; quando esses sistemas foram concebidos, o mundo do espírito humano, da vontade e da liberdade ainda não tinha se desenvolvido da maneira que se manifestou na civilização grega e romana.

chegaria o reino de Deus. Quanto aos dogmas teológicos, não se preocupava com eles, pois deles nada compreendia. O proletariado convertido ao cristianismo constituía a potência material, mas não o pensamento teórico.

Quanto aos dogmas cristãos, eles foram elaborados em uma série de trabalhos teológicos, literários, e nos concílios, principalmente pelos neoplatônicos convertidos do Oriente. O espírito grego tinha descido tão baixo, que no século VII da era cristã, época do primeiro concílio, a ideia de um Deus pessoal, espírito puro, eterno, absoluto, criador e senhor supremo, existindo fora de nós, era unanimemente aceita pelos padres da Igreja; como consequência lógica desse absurdo absoluto, tornava-se, desde então, natural e necessário crer na imaterialidade e na imortalidade da alma humana, hospedada e aprisionada em um corpo mortal, em parte somente, porque no corpo há uma parte que, ainda que sendo corporal, é imortal como a alma e deve ressuscitar com ela. Quanto foi difícil, mesmo aos padres da Igreja, imaginar o espírito puro, fora de qualquer forma corporal! É preciso observar que, em geral, o caráter de todo raciocínio metafísico e teológico é o de procurar explicar um absurdo por outro.

Foi muito oportuno para o cristianismo ter encontrado o mundo dos escravos. Houve outro motivo de alegria: a invasão dos bárbaros. Esses últimos eram uma brava gente, cheios de força natural e sobretudo levados por uma grande necessidade e por uma capacidade de viver; esses bandidos a toda prova, capazes de tudo devastar e tudo engolir, assim como seus sucessores, os alemães atuais; mas eles eram muito menos sistemáticos e pedantes que esses últimos, muito menos moralistas, menos sábios, e, em compensação, muito mais independentes e orgulhosos, capazes de ciências e não incapazes de liberdade, como os burgueses da Alemanha moderna. Apesar de todas as suas grandes qualidades, não passavam de bárbaros, isto é, tão diferentes para todas as questões de teologia e metafísica quanto os escravos antigos, dos quais um grande número, por sinal, pertencia à sua raça. Assim, uma vez vencidas suas repugnâncias práticas, não foi difícil convertê-los teoricamente ao cristianismo.

Durante dez séculos, o cristianismo, armado com a onipotência da Igreja e do Estado, e sem nenhuma concorrência, pôde depravar, corromper e falsear o espírito da Europa. Não havia concorrentes, visto que fora da Igreja não houve pensadores nem letrados. Apenas ela pensava, somente ela falava, escrevia, ensinava. Se heresias surgiram em seu seio, elas só atacavam os desenvolvimentos teológicos ou práticos do dogma fundamental, não esse dogma. A crença em Deus, espírito puro e criador do mundo, e a crença na imaterialidade da alma permaneciam de fora. Essa dupla crença tornou-se a base ideal de toda a civilização ocidental e oriental da Europa; penetrou todas as instituições, todos os detalhes da vida pública e privada das castas e das massas; encarnou-se nelas, por assim dizer.

Podemos surpreender-nos que depois disso essa crença tenha-se mantido até nossos dias, continuando a exercer sua influência desastrosa sobre o espírito de elite, tais como os de Mazzini, Michelet, Quinet e tantos outros? Vimos que o primeiro ataque foi dirigido contra ela pelo renascimento do livre espírito no século XV, que produziu heróis e mártires como Vanini, Giordano Bruno, Galileu. Ainda que sufocado pelo barulho, pelo tumulto e pelas paixões da reforma religiosa, ele continuou sem barulho seu trabalho invisível, legando aos mais nobres espíritos de cada geração sua obra de emancipação humana pela destruição do absurdo, até que, enfim, na segunda metade do século XVIII, ele reapareceu abertamente de novo, elevando ousadamente a bandeira do ateísmo e do materialismo.

***

Pôde-se acreditar que o espírito humano iria enfim se livrar de todas as obsessões divinas. Foi um erro. A mentira da qual a humanidade era a vítima havia 18 séculos (para só falar do cristianismo) deveria mostrar-se, mais uma vez, mais poderosa do que a verdade. Não mais podendo servir-se da gente negra, dos corvos consagrados pela Igreja, padres católicos ou protestantes, que tinham perdido todo o crédito, serviu-se dos padres laicos, dos mentores e dos sofistas togados, entre os quais o principal papel foi destinado a dois homens fatais, um, o espírito mais falso, o outro, a vontade mais doutrinariamente despótica do último século: Rousseau e Robespierre.

O primeiro é o verdadeiro tipo da estreiteza e da mesquinharia desconfiada, da exaltação sem outro objeto que sua própria pessoa, do entusiasmo frio e da hipocrisia simultaneamente sentimental e implacável, da mentira do idealismo moderno. Pode-se considerá-lo como o verdadeiro criador da reação. Aparentemente, o escritor mais democrático do século XVIII prepara em si mesmo o despotismo impiedoso do homem de Estado. Ele foi o profeta do Estado doutrinário — como Robespierre, seu digno e fiel discípulo —, e tentou tornar-se seu grande sacerdote. Tendo ouvido dizer, por Voltaire, que se não existisse Deus seria preciso inventá-lo, J.-J. Rousseau inventou o Ser supremo, o Deus abstrato e estéril dos deístas. E foi em nome do Ser supremo e da hipócrita virtude comandada por esse Ser supremo que Robespierre guilhotinou os hebertistas inicialmente, em seguida o próprio gênio da revolução, Danton, em cuja pessoa ele assassinou a república, preparando assim o triunfo, tornado desde aquele momento necessário, da ditadura napoleônica. Depois do grande recuo, a reação idealista procurou e encontrou servidores, menos fanáticos, menos terríveis, mais de acordo com a estatura consideravelmente diminuta da burguesia atual.

Na França, foram Chateaubriand, Lamartine e — é preciso dizê-lo — Victor Hugo, o democrata, o republicano, o quase-socialista de hoje, e depois deles toda a tropa melancólica, sentimental, de espíritos magros e pálidos que constituíram, sob a direção desses mestres, a escola romântica moderna. Na Alemanha, foram os Schlegel, os Tieck, os Novalis, os Werner, foram Schelling e muitos outros mais, cujos nomes sequer merecem ser lembrados.

A literatura criada por essa escola foi o reino dos espíritos e dos fantasmas. Ela não suportava a claridade; somente a penumbra permitia-lhes viver. Ela também não suportava o contato brutal das massas. Era a literatura dos aristocratas delicados, distintos, aspirando ao Céu, sua pátria, e vivendo, apesar dele, sobre a Terra.

Tinha horror e desprezo pela política e pelas questões do cotidiano; mas quando falava disso, por acaso, mostrava-se francamente reacionária, tomava partido da Igreja contra a insolência dos livre-pensadores, dos reis contra os povos e de todos os aristocratas contra o populacho das ruas.

De resto, como acabamos de dizer, o que dominava na escola do romantismo era uma indiferença quase completa pela política. No meio das nuvens nas quais ela vivia, só se podia distinguir dois pontos reais: o rápido desenvolvimento do materialismo burguês e o desencadeamento desenfreado das vaidades individuais.

***

Para compreender essa literatura romântica, é preciso procurar sua razão de ser na transformação que se operou no seio da classe burguesa, desde a revolução de 1793.

Desde a Renascença e a Reforma até a Revolução, a burguesia, senão na Alemanha, pelos menos na Itália, na França, na Suíça, na Inglaterra, na Holanda, foi o herói e o representante do gênio revolucionário da história. De seu seio saía a maioria dos livre-pensadores do século XVIII, os reformadores religiosos dos dois séculos precedentes e os apóstolos da emancipação humana, inclusive, dessa vez, os da Alemanha do século passado. Ela sozinha, naturalmente apoiada sobre o braço poderoso do povo que nela tem fé, fez as revoluções de 1789 e de 1793. Ela havia proclamado a queda da realeza e da Igreja, a fraternidade dos povos, os direitos do homem e do cidadão. Eis seus títulos de glória; eles são imortais!

Em pouco tempo ela cindiu-se. Uma parte considerável de compradores de bens nacionais, tornados ricos, apoiando-se não mais sobre o proletariado das cidades, mas sobre a maior parte dos camponeses da França, tornados, eles também, proprietários de terras, não aspirava a outra coisa senão à paz, ao restabelecimento da ordem pública e ao estabelecimento de um governo poderoso e regular. Ela aclamou com alegria a ditadura do primeiro Bonaparte, e, ainda que sempre voltairiana, não viu com maus olhos o tratado com o Papa e o restabelecimento da Igreja oficial na França: "A *religião é tão necessária ao povo!*". O que significa dizer que, satisfeita, essa parte da burguesia começou desde então a compreender que era urgente, para a conservação de sua situação e de seus bens

DEUS E O ESTADO

recém-adquiridos, enganar a fome não saciada do povo pelas promessas de um maná celeste. Foi então que Chateaubriand começou a pregar.[11]

Napoleão caiu. A restauração trouxe de volta à França a monarquia legítima e, com ela, o poder da Igreja e da aristocracia nobiliária, que recuperaram a maior parte de sua antiga influência, até que veio o momento oportuno de reconquistar tudo.

Essa reação relançou a burguesia na Revolução, e com o espírito revolucionário despertou também nela o da incredulidade: ela tornou-se, de novo, um espírito forte. Pôs Chateaubriand de lado e recomeçou a ler Voltaire; mas não chegou até Diderot: seus nervos enfraquecidos não comportavam mais um alimento tão forte. Voltaire, simultaneamente espírito forte e deísta, ao contrário, convinha-lhe muito.

Béranger e P.-L. Courrier exprimiram perfeitamente essa nova tendência. O "Deus das boas pessoas" e o ideal do rei burguês, ao mesmo tempo liberal e democrático, retraçado sobre o fundo majestoso e doravante inofensivo das vitórias gigantescas do Império, tal foi naquela época o quadro que a burguesia da França fazia do governo da sociedade. Lamartine, excitado pela monstruosa e ridícula inveja de elevar-se à altura poética do grande Byron, tinha começado esses hinos friamente delirantes em honra do Deus dos fidalgos e da monarquia legítima, mas

---

[11] Creio ser útil lembrar aqui uma história, por sinal muito conhecida e inteiramente autêntica, que lança uma luz sobre o valor pessoal desses reaquecedores das crenças católicas e sobre a sociedade religiosa dessa época. Chateaubriand havia levado ao editor uma obra dirigida contra a fé. O editor observou que o ateísmo tinha passado de moda, e que o público leitor não se interessava mais por esse tema, que pedia, ao contrário, obras religiosas. Chateaubriand retirou-se, mas, alguns meses depois, retornou trazendo-lhe seu *Génie du Christianisme*.

seus cantos só ressoavam nos salões aristocráticos. A burguesia não os escutava. Béranger era seu poeta e Courrier seu escritor político.

A revolução de julho teve por consequência o enobrecimento de seus gostos. Sabe-se que todo burguês na França traz em si o tipo imperecível do burguês fidalgo, tipo que jamais deixa de aparecer, tão logo o novo-rico adquire riqueza e poder. Em 1830, a rica burguesia tinha definitivamente substituído a antiga nobreza no poder. Ela tendeu naturalmente a fundar uma nova aristocracia. Aristocracia de capital, antes de mais nada, mas, em suma, distinta, de boas maneiras e de sentimentos delicados. Ela começou a sentir-se religiosa.

Não foram, de sua parte, simples arremedos dos modos aristocráticos. Era também uma necessidade de posição. O proletariado tinha-lhe prestado um último serviço ao ajudá-la uma vez mais a derrubar a nobreza. A burguesia já não precisava mais desse auxílio, pois sentia-se solidamente estabelecida à sombra do trono de julho, e a aliança do povo, doravante inútil, começava a tornar-se incômoda. Era preciso recolocá-lo em seu lugar, o que não se pôde naturalmente fazer sem provocar uma grande indignação nas massas. Tornou-se necessário contê-las. Mas em nome de quê? Em nome do interesse burguês cruamente declarado? Teria sido muito cínico. Quanto mais um interesse é injusto, desumano, mais ele necessita de sanção. Ora, onde buscá-la, senão na religião, essa boa protetora de todos os satisfeitos e essa consoladora tão útil dos famintos? E mais do que nunca a burguesia triunfante compreendeu que a religião era indispensável ao povo.

Após ter ganhado todos os seus títulos de glória na oposição religiosa, filosófica e política, no protesto e na revolução, ela enfim se tornou a classe dominante e, por isso mesmo, a defensora e a conservadora do Estado, instituição desde então regular do poder exclusivo dessa classe. O Estado é a força, e tem, antes de mais nada, o direito da força, o argumento triunfante do fuzil. Mas o homem é tão singularmente feito que esse argumento, por mais eloquente que pareça ser, não é mais suficiente com o passar do tempo. Para impor-lhe respeito, é-lhe absolutamente necessária uma sanção moral qualquer. É preciso, além do mais, que essa sanção seja simultaneamente tão simples e tão evidente que possa convencer as massas, que, após terem sido reduzidas pela força do Estado, devem ser conduzidas ao reconhecimento moral de seu direito.

Há somente dois meios de convencer as massas da bondade de uma instituição social qualquer. O primeiro, o único real, mas também o mais difícil de empregar — porque implica a abolição do Estado, isto é, a abolição da exploração politicamente organizada da maioria por uma minoria qualquer —, seria a satisfação direta e completa das necessidades e das aspirações do povo, o que equivaleria à liquidação da existência da classe burguesa e, mais uma vez, à abolição do Estado. É, pois, inútil falar disso.

O outro meio, ao contrário, funesto somente ao povo, precioso ao bem-estar dos privilegiados burgueses, não é outro senão a religião. É a eterna miragem que leva as massas à procura dos tesouros divinos, enquanto que, muito mais astuta, a classe governante contenta-se em dividir entre seus membros — muito desigualmente, por sinal, e dando cada vez mais àquele que mais possui — os miseráveis bens da Terra e os despojos do povo, inclusive, naturalmente, a liberdade política e social desse último.

Não existe, não pode existir Estado sem religião. Considerai os Estados mais livres do mundo, os Estados Unidos da América ou a Confederação Suíça, por exemplo, e vede que papel importante preenche neles, em todos os discursos oficiais, a divina providência, essa sanção superior de todos os Estados.

Assim, todas as vezes que um chefe do Estado fala de Deus, quer seja o imperador da Alemanha ou o presidente de uma república qualquer, estejais certo de que ele prepara-se para tosquiar de novo seu povo-rebanho.

A burguesia francesa, liberal e voltairiana, levada por seu temperamento a um positivismo (para não dizer a um materialismo) singularmente estreito e brutal, tendo tornado-se classe governante por seu triunfo de 1820, o Estado teve de assumir uma religião oficial. A coisa não era fácil. A burguesia não podia colocar-se cruamente sob o jugo do catolicismo romano. Havia entre ela e a Igreja de Roma um abismo de sangue e de ódio e, por mais práticos e sábios que sejamos, nunca conseguimos reprimir em nosso seio uma paixão desenvolvida pela história. Por sinal, o burguês francês cobria-se de ridículo se retornasse à Igreja para tomar parte nas cerimônias religiosas de seu culto, levado muito longe. A burguesia foi levada, para sancionar seu novo Estado, a criar uma nova religião que pudesse ser, sem muito ridículo e escândalo, uma condição essencial de conversão meritória e sincera. Muitos o tentaram, é verdade, mas seu heroísmo não obteve outro resultado além de um escândalo estéril. Enfim, o retorno ao catolicismo era impossível por causa da contradição insólita que separa a política invariável de Roma e o desenvolvimento dos interesses econômicos e políticos da classe média.

No que diz respeito a isto, o protestantismo é muito mais cômodo. É a religião burguesa por excelência. Ela concede apenas a liberdade necessária ao burguês e encontrou o meio de conciliar as aspirações celestes com o respeito que exigem os interesses terrestres. Assim, foi sobretudo nos países protestantes que o comércio e a indústria desenvolveram-se.

Mas era impossível para a burguesia francesa fazer-se protestante. Para passar de uma religião a outra — a menos que o faça calculadamente, como os judeus da Rússia e da Polônia, que se batizam três e até mesmo quatro vezes para receber o mesmo número de vezes a remuneração que lhes é concedida —, para mudar de religião seriamente, é preciso ter um pouco de fé. Ora, no coração exclusivamente positivo do burguês francês não há lugar para a fé. Ele professa a mais profunda indiferença em relação a todas as questões que não dizem respeito nem ao seu bolso de início, nem à sua vaidade social em seguida.

Ele é tão indiferente ao protestantismo quanto ao catolicismo. Por outro lado, o burguês francês não poderia passar ao protestantismo sem se colocar em contradição com a rotina católica da maioria, o que teria sido uma grande imprudência por parte de uma classe que pretendia governar a nação.

Restava um meio: retornar à religião humanitária e revolucionária do século XVIII. Mas isso faria a religião altamente proclamada por toda a classe burguesa.

Foi assim que nasceu o deísmo doutrinário.

Outros já fizeram, muito melhor do que eu poderia fazer, a história do nascimento e do desenvolvimento dessa escola, que teve uma influência tão decisiva e, pode-se dizê-lo muito bem, tão funesta sobre a educação política, intelectual e moral da juventude burguesa na França. Ela data de Benjamin Constant e de Mme. de Staël; seu verdadeiro fundador foi Royer-Collard; seus apóstolos, Guizot, Cousin, Villemain e muitos outros. Seu objetivo abertamente declarado era a reconciliação da revolução com a reação ou, para falar a linguagem da escola, do princípio da liberdade com o da autoridade, naturalmente em proveito desse último.

Essa reconciliação significava: em política, a escamoteação da liberdade popular em proveito da dominação burguesa, representada pelo Estado monárquico e constitucional; em filosofia, a submissão refletida da livre razão aos princípios eternos da fé.

Sabe-se que ela foi sobretudo elaborada pelo Sr. Cousin, pai do ecletismo francês. Orador superficial e pedante, incapaz de qualquer concepção original, de qualquer pensamento que lhe fosse próprio, mas muito forte em lugares-comuns, que ele confundia com o bom-senso, esse ilustre filósofo preparou sabiamente, para uso da juventude estudantil da França, um prato metafísico a seu modo, cujo uso foi tornado obrigatório em todas as escolas do Estado, submissas à universidade: é o alimento indigesto ao qual foram condenadas necessariamente várias gerações.

***

(O manuscrito foi interrompido aqui.)

COLEÇÃO HEDRA

1. *Iracema*, Alencar
2. *Don Juan*, Molière
3. *Contos indianos*, Mallarmé
4. *Auto da barca do Inferno*, Gil Vicente
5. *Poemas completos de Alberto Caeiro*, Pessoa
6. *Triunfos*, Petrarca
7. *A cidade e as serras*, Eça
8. *O retrato de Dorian Gray*, Wilde
9. *A história trágica do Doutor Fausto*, Marlowe
10. *Os sofrimentos do jovem Werther*, Goethe
11. *Dos novos sistemas na arte*, Maliévitch
12. *Mensagem*, Pessoa
13. *Metamorfoses*, Ovídio
14. *Micromegas e outros contos*, Voltaire
15. *O sobrinho de Rameau*, Diderot
16. *Carta sobre a tolerância*, Locke
17. *Discursos ímpios*, Sade
18. *O príncipe*, Maquiavel
19. *Dao De Jing*, Lao Zi
20. *O fim do ciúme e outros contos*, Proust
21. *Pequenos poemas em prosa*, Baudelaire
22. *Fé e saber*, Hegel
23. *Joana d'Arc*, Michelet
24. *Livro dos mandamentos: 248 preceitos positivos*, Maimônides
25. *O indivíduo, a sociedade e o Estado, e outros ensaios*, Emma Goldman
26. *Eu acuso!*, Zola | *O processo do capitão Dreyfus*, Rui Barbosa
27. *Apologia de Galileu*, Campanella
28. *Sobre verdade e mentira*, Nietzsche
29. *O princípio anarquista e outros ensaios*, Kropotkin
30. *Os sovietes traídos pelos bolcheviques*, Rocker
31. *Poemas*, Byron
32. *Sonetos*, Shakespeare
33. *A vida é sonho*, Calderón
34. *Escritos revolucionários*, Malatesta
35. *Sagas*, Strindberg
36. *O mundo ou tratado da luz*, Descartes
37. *O Ateneu*, Raul Pompeia
38. *Fábula de Polifemo e Galateia e outros poemas*, Góngora
39. *A vênus das peles*, Sacher-Masoch
40. *Escritos sobre arte*, Baudelaire
41. *Cântico dos cânticos*, [Salomão]
42. *Americanismo e fordismo*, Gramsci
43. *O princípio do Estado e outros ensaios*, Bakunin
44. *O gato preto e outros contos*, Poe
45. *História da província Santa Cruz*, Gandavo
46. *Balada dos enforcados e outros poemas*, Villon
47. *Sátiras, fábulas, aforismos e profecias*, Da Vinci
48. *O cego e outros contos*, D.H. Lawrence

49. *Rashômon e outros contos*, Akutagawa
50. *História da anarquia (vol. 1)*, Max Nettlau
51. *Imitação de Cristo*, Tomás de Kempis
52. *O casamento do Céu e do Inferno*, Blake
53. *Cartas a favor da escravidão*, Alencar
54. *Utopia Brasil*, Darcy Ribeiro
55. *Flossie, a Vênus de quinze anos*, [Swinburne]
56. *Teleny, ou o reverso da medalha*, [Wilde et al.]
57. *A filosofia na era trágica dos gregos*, Nietzsche
58. *No coração das trevas*, Conrad
59. *Viagem sentimental*, Sterne
60. *Arcana Cœlestia e Apocalipsis revelata*, Swedenborg
61. *Saga dos Volsungos*, Anônimo do séc. XIII
62. *Um anarquista e outros contos*, Conrad
63. *A monadologia e outros textos*, Leibniz
64. *Cultura estética e liberdade*, Schiller
65. *A pele do lobo e outras peças*, Artur Azevedo
66. *Poesia basca: das origens à Guerra Civil*
67. *Poesia catalã: das origens à Guerra Civil*
68. *Poesia espanhola: das origens à Guerra Civil*
69. *Poesia galega: das origens à Guerra Civil*
70. *O chamado de Cthulhu e outros contos*, H.P. Lovecraft
71. *O pequeno Zacarias, chamado Cinábrio*, E.T.A. Hoffmann
72. *Tratados da terra e gente do Brasil*, Fernão Cardim
73. *Entre camponeses*, Malatesta
74. *O Rabi de Bacherach*, Heine
75. *Bom Criolo*, Adolfo Caminha
76. *Um gato indiscreto e outros contos*, Saki
77. *Viagem em volta do meu quarto*, Xavier de Maistre
78. *Hawthorne e seus musgos*, Melville
79. *A metamorfose*, Kafka
80. *Ode ao Vento Oeste e outros poemas*, Shelley
81. *Oração aos moços*, Rui Barbosa
82. *Feitiço de amor e outros contos*, Ludwig Tieck
83. *O corno de si próprio e outros contos*, Sade
84. *Investigação sobre o entendimento humano*, Hume
85. *Sobre os sonhos e outros diálogos*, Borges | Osvaldo Ferrari
86. *Sobre a filosofia e outros diálogos*, Borges | Osvaldo Ferrari
87. *Sobre a amizade e outros diálogos*, Borges | Osvaldo Ferrari
88. *A voz dos botequins e outros poemas*, Verlaine
89. *Gente de Hemsö*, Strindberg
90. *Senhorita Júlia e outras peças*, Strindberg
91. *Correspondência*, Goethe | Schiller
92. *Índice das coisas mais notáveis*, Vieira
93. *Tratado descritivo do Brasil em 1587*, Gabriel Soares de Sousa
94. *Poemas da cabana montanhesa*, Saigyō
95. *Autobiografia de uma pulga*, [Stanislas de Rhodes]
96. *A volta do parafuso*, Henry James
97. *Ode sobre a melancolia e outros poemas*, Keats
98. *Teatro de êxtase*, Pessoa
99. *Carmilla — A vampira de Karnstein*, Sheridan Le Fanu

100. *Pensamento político de Maquiavel*, Fichte
101. *Inferno*, Strindberg
102. *Contos clássicos de vampiro*, Byron, Stoker e outros
103. *O primeiro Hamlet*, Shakespeare
104. *Noites egípcias e outros contos*, Púchkin
105. *A carteira de meu tio*, Macedo
106. *O desertor*, Silva Alvarenga
107. *Jerusalém*, Blake
108. *As bacantes*, Eurípides
109. *Emília Galotti*, Lessing
110. *Contos húngaros*, Kosztolányi, Karinthy, Csáth e Krúdy
111. *A sombra de Innsmouth*, H.P. Lovecraft
112. *Viagem aos Estados Unidos*, Tocqueville
113. *Émile e Sophie ou os solitários*, Rousseau
114. *Manifesto comunista*, Marx e Engels
115. *A fábrica de robôs*, Karel Tchápek
116. *Sobre a filosofia e seu método — Parerga e paralipomena (v. II, t. I)*, Schopenhauer
117. *O novo Epicuro: as delícias do sexo*, Edward Sellon
118. *Revolução e liberdade: cartas de 1845 a 1875*, Bakunin
119. *Sobre a liberdade*, Mill
120. *A velha Izerguil e outros contos*, Górki
121. *Pequeno-burgueses*, Górki
122. *Um sussurro nas trevas*, H.P. Lovecraft
123. *Primeiro livro dos Amores*, Ovídio
124. *Educação e sociologia*, Durkheim
125. *Elixir do pajé — poemas de humor, sátira e escatologia*, Bernardo Guimarães
126. *A nostálgica e outros contos*, Papadiamántis
127. *Lisístrata*, Aristófanes
128. *A cruzada das crianças/ Vidas imaginárias*, Marcel Schwob
129. *O livro de Monelle*, Marcel Schwob
130. *A última folha e outros contos*, O. Henry
131. *Romanceiro cigano*, Lorca
132. *Sobre o riso e a loucura*, [Hipócrates]
133. *Hino a Afrodite e outros poemas*, Safo de Lesbos
134. *Anarquia pela educação*, Élisée Reclus
135. *Ernestine ou o nascimento do amor*, Stendhal
136. *A cor que caiu do espaço*, H.P. Lovecraft
137. *Odisseia*, Homero
138. *O estranho caso do Dr. Jekyll e Mr. Hyde*, Stevenson
139. *História da anarquia (vol. 2)*, Max Nettlau
140. *Eu*, Augusto dos Anjos
141. *Farsa de Inês Pereira*, Gil Vicente
142. *Sobre a ética — Parerga e paralipomena (v. II, t. II)*, Schopenhauer
143. *Contos de amor, de loucura e de morte*, Horacio Quiroga
144. *Memórias do subsolo*, Dostoiévski
145. *A arte da guerra*, Maquiavel
146. *O cortiço*, Aluísio Azevedo
147. *Elogio da loucura*, Erasmo de Rotterdam

148. *Oliver Twist*, Dickens
149. *O ladrão honesto e outros contos*, Dostoiévski
150. *Diários de Adão e Eva e outros escritos satíricos*, Mark Twain
151. *Cadernos: Esperança do mundo*, Albert Camus
152. *Cadernos: A desmedida na medida*, Albert Camus
153. *Cadernos: A guerra começou...*, Albert Camus
154. *Escritos sobre literatura*, Sigmund Freud
155. *O destino do erudito*, Fichte

Edição	Felipe Corrêa Pedro e Jorge Sallum
Coedição	Bruno Costa e Iuri Pereira
Capa e projeto gráfico	Júlio Dui e Renan Costa Lima
Imagem de capa	Broken Heart, 1906. Detroit Publishing Company
Programação em LaTeX	Marcelo Freitas
Revisão	Felipe Corrêa Pedro
Assistência editorial	Bruno Oliveira
Colofão	Adverte-se aos curiosos que se imprimiu esta obra em nossas oficinas em 29 de julho de 2014, em papel off-set 90 gramas, composta em tipologia Minion Pro, em GNU/Linux (Gentoo, Sabayon e Ubuntu), com os softwares livres LaTeX, DeTeX, vim, Evince, Pdftk, Aspell, svn e TRAC.